文物可阅读

昆山市文体广电和旅游局 编

古吴轩出版社

图书在版编目（CIP）数据

文物可阅读 / 昆山市文体广电和旅游局编. —— 苏州：
古吴轩出版社, 2022.12
ISBN 978-7-5546-2069-4

Ⅰ.①文… Ⅱ.①昆… Ⅲ.①文物－介绍－昆山
Ⅳ.①K872.534

中国版本图书馆CIP数据核字（2022）第254391号

责 任 编 辑：胡敏韬
责 任 校 对：李爱华　张雨蕊
装 帧 设 计：杨　洁　吴　静
责 任 照 排：杨　洁

书　　　　名：文物可阅读
编　　　　者：昆山市文体广电和旅游局
出 版 发 行：古吴轩出版社
　　　　　　地址：苏州市八达街118号苏州新闻大厦30F
　　　　　　电话：0512-65233679　　　邮编：215123
印　　　　刷：苏州报业传媒集团有限公司
开　　　　本：880×1230　1/32
印　　　　张：10.25
字　　　　数：272千字
版　　　　次：2022年12月第1版
印　　　　次：2022年12月第1次
书　　　　号：ISBN 978-7-5546-2069-4
定　　　　价：58.00元

如有印装质量问题，请与印刷厂联系。0512-65640825

《文物可阅读》编委会

序　言

　　昆山历史悠久，有着6000年文明发展历程，积淀了宝贵的历史文化资源。其中包括丰富的不可移动文物资源，有古代遗址、古代墓葬、古代建筑、古代桥梁、近现代文物遗迹，还有留存在墓葬、建筑、桥梁上的花纹、对联、刻字、撰文，更有历史人物的生平事迹、业绩成就、对桑梓的贡献等"无形"文化资源。

　　习近平总书记强调："中华优秀传统文化是中华文明的智慧结晶和精华所在，是中华民族的根和魂，是我们在世界文化激荡中站稳脚跟的根基。"对于作为优秀传统文化载体的文物，我们不仅要保护好、传承好，更要"让文物活起来"。用生动形象、通俗易懂的形式，让文物所蕴含的重要价值深入群众、深入人心，增强民族认同感和凝聚力，真正让优秀传统文化成为密切联系民众的精神载体。

　　"让文物活起来"，不仅是让收藏在博物馆的文物珍品活起来，散落在田野之中的碑碣牌坊，横跨在水乡河道之上的石桥石兽，伫立在江南烟雨之中的古寺古塔，成为游客脚下新风景的石板街……那些不可移动、不会说话的文物，也要让它们"活"起来。

　　《文物可阅读》，就是在这样的思想指导下，经过一年多积累创作完成的通俗文物读本。本书汇集了昆山现有不可移动文物的精华，对照图片解读文物，采用通俗自然的文学笔法，尽可能将不可移动文物和文物背后的故事、时代和文化意蕴挖掘、整理、展示出来。这是我们

"让文物活起来"的一种创新和尝试,希望这样一本"可阅读的文物图书",能让读者轻松识别昆山不可移动文物的文明符号,了解它们背后的文化深蕴。

文化是"走心"的,文物更是"走心"的。带着《文物可阅读》游览昆山,体会文化潜移默化的传递,可以得到完全不同的观感和体验。一道桥梁的故事,一座墓葬的深沉,一块碑碣的哲思,一副桥联的淳厚,一座古城悠远的文脉……千年酝酿的烟雨江南,跨越时空的城市之美,都将在这种对于文化的熟稔中轻松感知。

在本书的策划和创作中,我们重点参考了《昆山文物览胜》一书,本书中关于文物的尺寸、数量、年代等文物知识,均以此书为依据。在此对专业人员付出的努力深表谢意。由于编者的学识水平有限,书中疏漏不足之处,诚恳希望读者能够批评指正。

编　者
2022年11月

目 录

序 言

古遗址 六千年昆山古老文明的文化风标

绰墩遗址	2
赵陵山遗址	14
少卿山遗址	22
太史淀遗址	29
黄泥山遗址	36
金粟庵遗址	40
勤丰等遗址	46

古城古村落 山水依旧，今月曾经照耀的那些昆山古城古村落

武城遗址	50
度城遗址	56
金城遗址	58
锦溪祝甸古窑群	60
姜里遗址	65

古墓葬 昔人已乘黄鹤去，仙鹤魂归依旧照故土

黄幡绰墓·· 70

顾炎武墓 ··· 75

归有光墓··· 79

卫泾墓··· 83

刘过墓··· 86

陈妃水冢··· 89

周伦墓··· 92

沈万三墓··· 99

古建筑风情 老宅老院老厅堂传递的昆山工艺

周庄的老宅老院

玉燕堂··· 104

敬业堂··· 108

章宅··· 111

戴宅··· 113

冯元堂··· 115

天孝德··· 117

朱宅··· 118

梅宅··· 120

迮厅··· 121

周庄王宅··· 123

锦溪的老宅老院

丁宅 ·· 124

夏太昌 ·· 127

千灯的老宅老院

余氏当铺 ·· 128

李宅 ·· 131

玉山的老宅老院

毕厅 ·· 134

日知楼 ·· 136

水乡古桥古街 村桥水道，故乡的原风景

周庄的桥

双桥及沿河建筑 ·· 140

全功桥 ·· 145

富安桥 ·· 148

锦溪的桥

锦溪古内河水道 ·· 150

溥济桥 ·· 154

十眼桥 ·· 156

天水桥 ·· 159

里和桥 ·· 161

朝阳桥 ·· 163

花桥的桥

徐公桥 ·· 165

天福三桥：聚福桥、永清桥、万寿桥 …………………………… 166

玉山（高新区）的桥

玉龙桥 ………………………………………………………… 168

富春桥 ………………………………………………………… 172

开发区的桥

太平桥 ………………………………………………………… 174

千灯的桥

永福桥 ………………………………………………………… 176

种福桥 ………………………………………………………… 180

吴家桥 ………………………………………………………… 182

张浦的桥

稍里桥 ………………………………………………………… 185

正仪的桥

景福桥 ………………………………………………………… 187

广灵桥 ………………………………………………………… 189

名人故居 灵山秀水，故居里留下的笔墨春秋

顾坚纪念馆 …………………………………………………… 192

陈三才故居 …………………………………………………… 196

隐庐：王安故居 ……………………………………………… 201

叶楚伧故居 …………………………………………………… 206

胡石予故居 …………………………………………………… 210

贞固堂（沈体兰故居） ……………………………………… 217

费公直故居：西湾街费厅 …………………………………… 221

王大觉故居 ·· 225

古寺碑塔 镌刻在山河上的文明印记

秦峰塔 ··· 230

通神道院 ··· 235

澄虚道院 ··· 237

顾文康公崇功专祠 ··· 241

抱玉洞 ··· 245

戒石碑 ··· 248

集善桥石刻 ··· 252

名胜古迹 留在昆山文脉上的繁华鼎盛

文笔峰 ··· 256

林迹亭 ··· 259

文星阁 ··· 262

方还亭 ··· 265

迷楼 ··· 269

周庄玱珩西楼 ·· 272

千灯石板街 ··· 275

巴城老街 ··· 280

近现代风情 / 昆山城市开放融合实践的文明历程

大年堂 ································· 286

中山堂 ································· 290

振东侨乡 ······························ 294

五丰面粉厂旧址 ························· 398

陈墓区公所旧址 ························· 302

正仪火车站旧址 ························· 305

昆山县委旧址 ·························· 309

古遗址

六千年昆山古老文明的文化风标

绰墩遗址

踏上绰墩山，放眼望去，一架姿态优美的广陵桥带着悠远的古意，一座院落门庭紧闭，似乎锁住了千年万年的秘密，除此之外，再也看不到一个高丘，一个土堆，或者一些象征着宏大或者挺拔的高地了。

绰墩遗址

绰墩山，已经失去了曾经的山影墩态，变成一马平川、河流环绕、芦苇依依的一个江南小地貌了。

没有人知道：6000年前，这里繁衍生息着马家浜文化；

5500年前，这里繁衍生息着崧泽文化；

5000年前，这里繁衍生息着良渚文化；

3000年前，这里延续着马桥文化；

再往后，吴越文化，唐代、宋代文化……

它是太湖文化圈里一颗璀璨的明珠，世界非物质文化遗产昆曲从这里滥觞。

相貌平平的绰墩山，静默在烟雨江南的一隅。整个昆山的灿烂文化，都要从这个不起眼的土层说起；整个昆山文明的起源，都离不开这里发现的水稻、独木舟、城墙一样的红夯土，以及各种各样的生活器具……

一座城，在距今6000年之前，在绰墩山这里，已经建立、成熟了。

如果我们要了解一下6000年前的昆山城，可能要怀着敬慕的心情去掀开绰墩遗址的面纱，看看它留给昆山人什么样的文化密码。毫无疑问：这里，就是6000年昆山的文化坐标。

怎么判断一座城市已经产生，甚至成熟呢？

第一点，就是看这座城市是否产生了人类的文化。一个群体只有在拥有了文化的基础上，以文化认同的形式，形成群体内部成员的共同约定，才有可能产生协作。

玉文化，是华夏文明最典型的特征。在中国古文化里，玉温润坚贞，声音清越，气如白虹，是美好品德的象征。所以"君子比德如

绰墩遗址出土的玉琮

玉"。绰墩遗址发现了玉琮、玉璜、玉玦等玉制品，印证着这片土地的文明和华夏文明的渊源。

《周礼·春官·大宗伯》："以苍璧礼天，以黄琮礼地。"在古代宏大的祭祀典礼中，青色的玉璧用来祭祀上天，黄色的玉琮用来祭祀土地。这个玉琮，就以"天圆地方"的形状、黄土的颜色，表达着昆山先民对生存其上的这片黄土虔诚的礼敬。

这样的玉琮，在昆山一共出土了3枚，形制完全一致。这证明：这个古老的文明发展到这个阶段，它的组织形式已经超越了部落群体，共同从属于某一个统一的政权组织，并拥有共同的文化理念。

《左传》说："国之大事，在祀与戎。"既然有祭祀黄土的器物出现，就一定会有其他的祭祀痕迹。祭台的出现，果然没有让我们失望。

这块长方形的规规整整的高台，就是祭台。新石器时代，人们在这里摆上礼器和祭品，敬奉上天，祈求保佑这一方土地风调雨顺，河岸上的稻穗丰硕又坚实，河水里的鱼类丰富而繁多。

这里的生活是刀耕火种、饭稻羹鱼式的生活。这祭祀的香火，

良渚文化祭坛

绰墩遗址出土的陶豆

绰墩遗址出土的陶纺轮

应该离不开稻和鱼这两个要素吧。

同时，社会分工也已经形成。

纺织业是最早形成的产业业态，因为衣食住行各个因素当中，衣是最为必要的因素。如果这个时候出土一些纺织业使用的纺轮，那一点也不奇怪。和周边同时期的土层一样，绰墩山也的确出土了几十个纺轮，来印证这里纺织业的发达。但是这一枚，却让人惊讶。

这个纺轮上的八角星纹图案，不是仅仅为了美观随便画上去的。这是一种来自远古的讯号，在长江中下游地区和黄河下游地区，都普遍存在过，似乎是代表八卦或者八风之类的。

这一个来自绰墩山的八角星形图案，让我们握住远古的手也感觉震颤。它代表在产生这个纺轮的6000年前的昆山，我们的先民，已经接收到来自伏羲时代的文明信号，已经用八卦的智慧，指导他们的生产生活。这也再次证明这片土地的文明，无论是马家浜文化还是良渚文化，都和中原文明同根同源，同气连枝，相互交织，相互

凌家滩玉板玉龟

呼应。

可以看看安徽凌
家滩同符号文物。当凌
家滩玉板玉龟和龟甲
放在一起，并且以这种
形式进行组合，我们知
道这一定和最早产生的
八卦有关。即使我们破
解不了这样的秘密，也
为这种来自远古的智慧深深赞叹。

凌家滩玉板

然后，就是酿酒业的产生。

这一只高傲的三足黑皮陶盉（hé），几千年后还是神气十足的样
子，高昂着头，叉着腰，似乎要证明它的身份不平凡。它是做什么用
的呢？

可以想象，它高高的三足下面，可以用炭火来燃烧；圆圆的弧线
构成的饱满的身体里，可以倾倒出甘美的琼浆；有一个宽宽的很舒
服的手把，正好适合一只手来牢牢握住。多么精巧的设计！

绰墩遗址出土的泥质黑皮陶盉

马家浜文化碳化米粒

马家浜文化水稻田

它是一个时代粮食充裕的象征，代表酿酒业已经形成。伴随着它的使用，可以想象有一大堆的器物，三只足的酒樽、酒杯、酒觚之类的，在它身边推杯换盏。这些器物大多用牛角或者牛皮来制作，所以并没有延续几千年的生命。但是这只黑皮陶盉多么神奇，完美无缺，6000年之后，它还保持着当年的姿态。

它有骄傲的理由。

这个小小的王国一样的存在，在良渚文化时期，以河道为中心，存在过人类聚落的痕迹。长方形的房子，芦苇、竹、木材制作的墙骨，圆形的用来炊煮的厨房，中间是灶坑，旁边是窖穴，还有用来丢弃垃圾的灰坑。我们可以想象，生生不息的人们出入其中，从窖穴里取出食材，放在灶火上烹煮，饭菜的香气从圆形的房子里飘溢出来。

一定要展示出来的东西，就是这几千年鱼米之乡的标配。

可以想象，没有这样的稻田和稻米，我们鱼米之乡的文化还有灵魂吗?

我们的触觉,也会深入他们生活的方方面面。

中国使用漆器的年代非常久远。但是,当这个红漆木碗出现在我们面前时,我们还是惊讶于这种文化的绚丽。由于保存技术的原因,原来的红漆已经脱落,但是我们可以想象它刚刚诞生时候的绚烂和美。

绰墩遗址出土的红漆木碗

在看到这红漆木碗的第一眼,我们的心灵已经被震撼。

这个甑,是煮米饭用的。虽然6000年过去

绰墩遗址出土的陶甑

了,制作蒸笼的材料已改用了不锈钢材质,可是这种合理化的形制,其实并没有改变多少。想象热气腾腾的水汽中,稻米的香味从这里散发出来,飘满整个屋子,飘到每个人的鼻中,我们就会发现这些用最朴实的黄土制作的器具,竟然拥有这样神奇的魅力。

考古人员还在这里发现了用来防护的河道,我们可以称之为昆山最早的城墙建筑。

一条东北向西南走向的河道,由通道和内湾两部分组成。

至少有45米的南堤岸边,有夯筑结实的红烧土块,而在北堤岸

上，发现了密密麻麻的木桩。这种周边修成陡坡，并用红烧土夯筑，中间再加上栽满荆棘的设施，可能是古人用于护卫的防御墙。

我们有必要了解一下：迄今为止保留最完整的一座新石器时代的古城，是史前时期龙山文化的藤花落古城（位于连云港），大约是在4000年到5000年前的良渚文明时期。它的筑城方式，就是绰墩山这种木桩加上红烧土夯筑的城墙。

中华文明有一个很鲜明的特征：大一统。即使南北交通很不发达，我们仍会惊讶地发现，南北文化始终处于大一统的状态。北方的文明形态和南方的文明形态，超乎寻常地一致。也许黄帝、炎帝的子孙们，由于血脉的关系，天生就喜欢这样凝聚一体。

当一个小城邦的各种各样的因素都成熟的时候，显示一个地方的文化审美，也跟着出现了。这个时候，阶层已经分化，贵族出现。能够显示他们高贵身份的，就是玉器和象牙。

这是玉璜，两端有两个小孔。看到鲜明亮丽的图片，我们会误以为这个实物可能是戴在脖子上或者身上的。事实上它非常小，小到我们可以握在手心里。我们猜测，它是戴在头发上的装饰，和象牙梳一样。

良渚文化玉璜

这是我们在绰墩山发现的象牙梳。最早看到图片，我们以为是用来梳头的。后来当我们见到实物的时候，忍不住哈哈大笑。因为从图片上看它是那么庞大，而实物像一根轻轻的羽毛，拿起来都害怕破碎的那种。这是贵族的饰品，一直到杭州出土了完整的一套玉背象牙梳，我们才明白它是做什么用的。它和一种叫作"玉梳背"的玉器合在一起，构成一种贵族的头饰。象牙梳的梳齿如同簪子，是插入头发中用来固定的。

但是目前绰墩山还没有发现配套的玉梳背。按照形制，绰墩山应该有这样的玉梳背。

当贵族用玉器和象牙制品来显示他们的尊贵时，我们应该相信：美学，已经产生了。让我们用一些陶器的纹饰来证明一下他们的艺术才情吧。

这些陶器的纹饰有篮纹、席纹、回纹、梯格纹、云雷纹、叶脉纹等等。它们或者端庄，或者大气，或者灵秀莹润，先民们以带有智慧和灵性的巧思，创造出人

绰墩山发现的象牙梳

杭州发现的完整玉背象牙梳

少卿山发现的玉梳背

良渚文化黑皮陶盉

类最早的艺术。

　　四五千年了，当看到这些令人惊艳的艺术品时，我们都赞叹不已。

　　当一件黑皮陶盉出现在眼前的时候，不管是考古人员，还是普通大众，那一种震撼人心的感受，让人感觉仿佛跨越千年都无法超越。

　　它灵巧的形状就像一只凤凰，将翱将翔。美丽无比的凤体上，有着富丽典雅的鸟纹和太阳纹，不知道设计师是怎么绘制的，它们绚烂无比却没有一丝繁缛的感觉，华贵无比却没有一点庸俗的视觉感。那美好的线条，充分展示着一只凤凰最优雅的姿态，高扬的壶嘴，似凤鸣九天，带着高贵和庄严的仪态。

　　它看上去是一件盛酒器，其实不然，它是一件高级的祭祀礼器。如果被允许触摸的话，它的大小正好可以端端正正地被我们握在手掌心，而它事实上也比图片上给人的感觉更加轻盈纤巧一些。它代表了良渚文化制陶工艺的最高水平。

　　绰墩遗址值得一提的，还有一个类似独木舟的物件。

　　它的名字应该不叫舟，它只是一种在功能上类似舟的渡河工具。

良渚文化河道中的渡河工具

它长1.1米、宽0.7米，有个45度斜面，形似船头。材质为二针松，底部光滑，侧边加工平整，上部居中处有一象鼻孔钮。我们可以想象，这个象鼻孔钮里应该穿着一根绳子，通过和其他的圆环、钩子的连接，形成类似滑轮的效果，然后利用河道旁边的大树来划动过河。

这是来自远古的智慧。现代的一些古老山村中，在河道不是太宽的情况下，这种过河的方式依旧存在。

水井、水田，记录着最早的昆山人临水而居、临水而生的生活状态；陶罐、陶盆、陶鼎、陶制的提梁壶，储藏着他们的食物，接续着他们春种冬藏的生活节奏；石斧、石刀、石镞、石凿，还有捕鱼的骨镞和石球等劳作工具，是他们面向大自然、面向生存环境迈出的带有智慧和力量的一步。

根据现有的考古资料，我们可以推测当时的建筑和居住情况：干栏式建筑，并且人们大体是集聚在一起居住的。在那个生产力低下的时期，人们用这种群居的方式来相互依赖，相互保护。这个时候的墓葬，大部分是单体的，或者是群体的。但是绰墩山早期的墓葬里，发现了一种代表性墓葬，即夫妻合葬。说明在早期人类文明发展到一定时期时，夫妻观念已经形成。

绰墩山的名字，来源于唐代名伶黄幡绰。他死后被安葬在这座山丘,这里开始被命名为"绰墩山"。20世纪,因为大力发展工业,绰墩山的土被挖走,原来的绰墩山失去了形貌,成为平地。但是它承载的历史,永远不会消失。

在绰墩遗址的不同土层里,保存了6000年以来昆山的文明历程,为昆山农业起源、建筑生活、文化谱系及吴越文化等重大学术研究课题,提供了丰富的第一手资料。绰墩遗址从属于太湖地区考古学文化及区域史研究范畴,为这个地方文明进程的研究提供了有力的物证材料。

这里也是昆山远古文化的重要坐标,无论这片古老的土地历史有多悠久,都要在这里寻找遗迹;无论这片古老的土地文化有多丰富,都要在这里寻找线索。解开这片古老土地上文明特征的神奇密码,也依赖这片古老而保存完好的遗迹。

赵陵山遗址

赵陵山遗址，位于昆山张浦镇赵陵村。这是一座人工土筑的高台，令人感到庆幸的是，这座高台保存得相当完好，是昆山境内保存最完整的一处古文化遗址。

赵陵山遗址

20世纪90年代，由南京博物院、苏州博物馆和昆山文管会三家单位联合进行了三次考古发掘。这个土墩遗址面积大约1万平方米，文化堆积厚9米，上层是宋代至春秋战国时期的文化遗存，中层是良渚文化层，下层为崧泽文化堆积。三次考古，共清理了以良渚文化为主的墓葬94座，出土文物600多件，其中玉器有206件。

玉文化，是华夏文明最重要的标志之一。这200多件玉器的出土，为这座神秘的遗址打上了鲜明的华夏文明的印记。同样，根据文化的大一统特征，从绰墩山传达出来的文化信息，到了赵陵山这里，依旧有效。

我们刚刚从绰墩遗址里走出来，到了这里拭目观看，忍不住想要做一下比较，看看这距离不远的两个上古遗址，有着哪些同和不同。

比较的结果非常令人兴奋，而且出人意料。

赵陵山出土了一个和绰墩山形制一模一样的玉琮，让我们确信

赵陵山遗址出土的玉琮

这里的文明和绰墩山并没有什么不同。这个玉琮略微小一点，呈现白色。这应该是长期埋在土里导致的"水沁"，也有人称之为"雾化"或者"白化"。出土玉琮这种"内圆外方"的隆重的祭祀礼器，一般代表这里有一个相对完整的政权组织形式。

和绰墩山不同的是，这里出土了一件令人非常意外的物件——石钺。

虽然在绰墩遗址中，我们努力去找寻这样的东西，但是没有找到。在我们觉得仿佛缺少了什么东西，正在疑惑的时候，石钺，在赵陵山遗址出现了。

"天子临轩授钺频"的诗句向我们印证着钺对于一个国家的重要性。将军出去征伐，一定要授予钺，钺代表一个邦国的军权威严。一个邦国，怎么可能没有军队？

这也是我们一直感觉绰墩遗址还有待继续发掘的原因。它至少缺少了一个玉梳背、一个石钺或者玉钺，它的社会组织不是完整的。

而现在，这在赵陵山得到了实现。

这真是一个愉快的发现。

但是，出现钺的地方，也必然会出现一些武力的痕迹。这一点可

能会令一些人感到不适。但是，我们面对历史，也不能回避这一点。

在赵陵山高土台的西北处，发现了由19具人体骨骼组成的丛葬墓。它们呈三排埋葬，均无葬具，人体头向不一，无随葬品。有被砍去下肢的，有双腿呈捆绑状的，有身首异处的，而且以青少年为主。

在这些丛葬群东南面，考古人员还发现了一层三角形的黑色灰面。由此判断：这19个被杀殉的生命，是举行原始宗教祭祀仪式的"祭祀品"。

这些是什么人？为什么会被杀？

也许他们是被俘获的囚犯，也许这是一种宗教信仰，或者他们是被挑选来的殉葬的人。

不管是因为什么，这一幕都是我们不愿意看到的。

这残忍的一幕，让我们有了一个疑问：这里埋葬的墓主人，都是些什么人？

在赵陵山遗址的西南区域发现了9座中型墓群，墓主人均为男性，墓内也都供有人牺，随葬品有彩绘陶豆、图案复杂的灰陶及贯耳壶等。由此推测，这些墓主属中等贵族。

在这些墓葬中，有一个编号为77的大型墓葬，刷新了整个昆山的考古发现。

这个墓葬的主人就是那个石钺的主人，是一位掌握着军权的贵族首领。

他几乎是被玉器、礼器和装饰物环绕着的，在他的墓穴里，随葬品琳琅满目，精巧的各式陶器和玉石器，一共有160件，其中玉器就有125件。他的双臂上穿戴着象牙镯、玉环和短玉琮，任何一件都显示出他的高贵不凡。

但是这些珍贵无比的玉器，全部加起来，也没有其中一个小装饰令人震惊。

在墓主腰部右侧放置了一块石钺，在钺孔中央的位置，斜置了一

赵陵山遗址出土的玉玦

赵陵山遗址出土的玉梳背饰

赵陵山遗址出土的玉琮

赵陵山遗址出土的玉端饰

个神人鸟兽的透雕玉件。

这是一个很小的玉雕，长度接近我们的手指大小。大约两个手指宽度的玉雕，制作竟然这样精美，给人玲珑剔透的感觉。它的弧线，它的造型，它的构思，都让人惊叹！

更令人惊讶的，是它传递出来的文化讯号。石钺的中心位置有一个戴着冠帽的神人，他手里举着一个类似小兽的东西，那小兽的嘴伸向一只神鸟，所以这个小玉雕一直被称为"神人鸟兽玉雕"。石钺、神人、鸟兽分别代表了原始社会的军权、政权和神权，可见墓主生前显赫的身份和崇高的威望。

一直到现在，都没有人能够破解这个"神人鸟兽玉雕"的文化寓意到底是什么。

这件珍贵无比的玉雕现在珍藏在南京博物院。南京博物院是

赵陵山遗址出土的石钺

赵陵山遗址出土的神人鸟兽透雕玉饰

中国三大博物馆之一，收藏的珍贵文物大约有42万件。2007年，南京博物院请专家和市民共同评选，评出18件"镇馆之宝"。其中第三件，叫"通天之宝：透雕人鸟兽玉饰件"，就是这个"神人鸟兽玉雕"。南京博物院给出了"通天之宝"的名字，正是因为这个玉雕的最上方有一只鸟，而这只鸟，很有可能就是传说中的太阳鸟，即金乌。

不管这个"神人鸟兽玉雕"到底代表什么寓意，我们都认定它不是一枚普普通通的、纯艺术品的玉饰品。因为在南京博物院还有一枚和这个非常类似的玉雕。我们有理由相信：这个玉雕和玉琮一样，一定是有着某种共通的文化含义的。那位头戴冠帽的人，也许是个通巫的人，他手里托着的也许是个用来祭天的礼器。

玉雕表达的寓意，也许是一位虔诚的巫师，同时也是一个部落的首领，以敬天的态度，表达对于上天的供奉，祈求这片土地能够风调雨顺，祈求这片土地上的生民能够生生不息，顺利安康，绵延不绝。

"神人鸟兽玉雕"代表了当时玉器制作的最高水平，堪称稀世瑰宝。昆山的灵秀，昆山的工艺，昆山的智慧，昆山的才情，都凝聚其中。

直到今天，它也是昆山古文明的杰出代表。

相同的东西是类似的，不同的东西却各有各的不同。

如果我们给赵陵山出土的玉器总结一个总体印象的话，那么，温润、浪漫、清俊、妩媚这样的词，总归是恰如其分的。

用美玉制成的玉镯，用美玉制成的玉串，五颜六色，方方圆圆，如此有规律地、匀称地出现。即使隔了几千年，我们也有把它们戴在手上的冲动。

赵陵山遗址出土的玉串饰

数千年前，他们会把一个鱼形的美玉，挂在身上，走路的时候叮叮咚咚，佩玉锵锵的感觉。

他们也会使用这样一个飞鸟形状的玉佩，在灵动欲飞的造型中，获得翱翔翩翩的梦幻感。

他们的耳朵旁边，还会挂一个玉瑱，长长的，走路一摇一摆，叮叮成韵，叫作"充耳"。

他们的生活用品，显示了高度的审美。从这上面交织错落的神秘图案，真的无法猜测他们想向世界传达什么理念和信息。

赵陵山遗址的考古发掘成果，引起了考古学界、历史学界的高度重视，1992年被评为"全国十大考古新发现"。琳琅满目的玉器，向我们展示出一个以玉为贵、以玉为美的古国的高超审美。那一个个手编的玛瑙、玉石手镯，色彩鲜艳，莹润清透，隔了几千年还让人忍不住想要感受一下它们的温度。而它们神秘的文化符号，则向我们传达着那个时代的心灵信仰和文化理念，吸引我们去研究、发

赵陵山遗址出土的鸟形玉件

赵陵山遗址出土的鱼形饰件

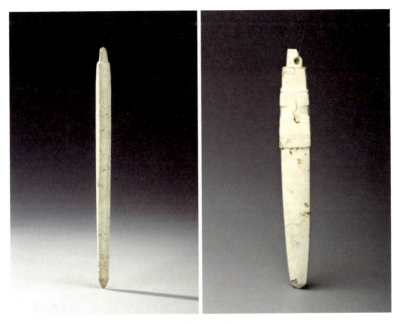

赵陵山遗址出土的玉瑱

赵陵山遗址出土的陶盘

现，找到上古文化的精神密码。

　　赵陵山遗址，是研究长江下游史前文化的重要遗址，它对研究和探索中国文明起源，有着重要意义和价值。

少卿山遗址

　　少卿山遗址位于昆山市千灯镇东北。这个遗址的发现，经历了一个漫长的过程。

　　千灯镇，是一个历史悠久的古镇，原来名叫"千墩"。清《昆新两县续修合志》记载："吴淞江自吴门至千墩浦，江南北有墩一千，故谓'千墩'。明永乐中，大理少卿袁复被旨浚千灯浦，乡民便之，号'少卿墩'。"所以有段时间，千灯镇的镇名，是从大理寺少卿这个官职上来的，叫"少卿墩"。有了"少卿墩"这个名字，"少卿山"这个名字，也就找到了源头。

　　如今的少卿山，只剩下了一些不高的土堆，这是建设公路等原因造成的。当初的少卿山，规模应该很宏大。这个遗址的实际面积也很大，土山以南的东弄一带和少卿山公园的广阔区域，都属遗址范围。也就是说，总面积大约4万平方米的区域上，在4000年之前，都是先民生活生产的重

少卿山遗址

良渚文化墙体　　　　　　　　　　良渚文化房址

要区域。

　　这是一个古老墙体的一面，是在少卿山发现的，我们能看到人工制作的痕迹。墙体用芦苇编织成经纬状的骨架，再填充上草泥，被称为"芦苇墙"，厚度15—20厘米。即使隔了4000年，这墙体的印痕还是那样清晰有序。可以想象先民们折断芦苇，制作成长短一致的芦苇片，用结好的绳索、夯土的笨石杵，制作成规整的筑版，一点一点建筑成土坯块，筑成墙体的样子。这样的规整，这样的结实，印证着他们筑房技艺的成熟和高超。这样的房屋结实又保暖。一个家庭里的人，有老有少，欢笑言谈，居住在这样温暖的屋宇里。他们的欢声笑语，隔了几千年，仿佛还能听到。

　　在这座墙体所在的屋子里，一些残留的灰土中，出土了碳化的米粒和植物种子。

　　虽然，我们已看到了绰墩山那些粒粒清晰的碳化稻米，再看到这些碳化的米粒，一点也不感到惊讶，但是这些人类生活的遗迹，还是让我们对那一段人类生存史充满遐想。

　　少卿山的发现，有一个漫长的过程。

　　1958年，江苏省文物队进行考古调查时，发现这里有一个沉睡的遗址。经判断，这个遗址和绰墩遗址、赵陵山遗址属于同一文化圈的遗址。但是具体规模怎样，有没有更多的惊喜，当时并没有条

23

少卿山遗址出土的玉璧

件做进一步的调查。

1977年，这个遗址出土了穿孔的石斧等。1983年，村民在山脚下又挖到陶球、石斧。1984年，修筑公路，在山南发现琮、瑗、镯等玉器19件。

遗址已经在逐渐苏醒，距离发现它的真面目已经不远了。

1984年，苏州博物馆和当时的昆山文管会对这个神秘而不张扬的遗址进行了一次尝试性挖掘，想看看这里面到底有多大的秘密。

这一次的尝试挖掘，收获竟然出人意料。

少卿山遗址出土的玛瑙管

少卿山遗址出土的彩陶杯、骨匙

尤其是那象征着部落王国祭祀国器的玉琮和玉钺的出现，让考古人员意识到：沉默未必是没有实力，少卿山遗址可能蕴藏着重大的惊喜。

这是良渚时代的精美玉器，这里是一处内涵极其丰富的新石器时代古文化遗址。

1984年12月10日至30日，苏州博物馆和当时的昆山文管会对少卿山遗址进行了一次详细的发掘，发现该处包含了各个土层的文明，内含马家浜文化、崧泽文化、良渚文化及以后各时期的遗存，最主要的是良渚文化区。

良渚文化村落可以划分为两个部分：墓葬区和居住区。

当考古人员一步步发掘墓葬区的时候，似乎打开了一个5000年前的美玉世界。

这里一共发现了两个玉琮，均为国家一级文物。和绰墩山发现的玉琮相比，这里的玉琮更加玲珑剔透，上面的纹饰也更清晰精美。

这里发现了两个玉钺。其中一块由绿色玉石制成的玉钺，通体碧绿，色泽明丽，莹润透亮。这种象征着军权的国器出现，表明这里曾经存在一个宏大的政权组织。

两个玉梳背也是如此，让人感受到这个宫廷琢玉大臣的独具匠心。

一大批色泽极美的玉璜、玉镯、彩绘陶杯等珍贵文物，在这里出土了。这一只精美剔透的圆体玉璜，还是第一次发现，纤巧秀美，惹人喜爱。还有这玉瑗和玉镯，那莹润到透明，类似和田美玉的玉镯，看一眼就会被它征服。

少卿山的玉器，玉质看上去最好。实在是美不胜收，令人目不暇接。

1997年秋，为了配合千灯镇的公路建设，苏州博物馆和当时的昆山文管所对少卿山这一带进行了再一次的抢救性发掘，发掘面积

少卿山遗址出土的玉琮

少卿山遗址出土的玉钺

少卿山遗址出土的玉梳背饰

少卿山遗址出土的玉璜

少卿山遗址出土的玉瑗

200平方米。这次考古证实了该遗址的地表层下，依次为春秋时期的夯土台、良渚文化土台及良渚文化早期原始村落为主的堆积。令人遗憾的是，前两层大部分已被破坏，只遗留了一些与良渚土台有关的祭祀坑，发现了一些与肢体分离的人头骨、动物骨架、玉珠及故意敲碎的玉璧等。这样的情形，让我们联想到三星堆里破损的青铜器。也许，将玉璧、玉器打破，是先民丧葬仪式的一部分内容吧。

墓葬反映的是人们对死亡的态度。少卿山的文化层一共五层，在第四层土层里，曾经出土了一座墓葬，发现的时候，人骨架基本完好，仰身直肢，头向南，经上海自然博物馆人类组现场鉴定为中年女性。这个时候的墓葬形式没有葬具墓框，用朱红色粉粒铺地，随葬品有灰陶豆、灰陶鼎、夹砂红陶缸和穿孔石刀共4件。该墓葬为崧泽文化晚期至良渚文化早期墓葬。

这位中年妇女有随葬品，说明她的身份还是高于一般人的。没有发现棺木，说明那个时代的人们，还没有使用棺木这样的器具来进行丧葬，而是撒些朱红色粉粒。这让我们对那个时代的文化，有了更多的了解。

在这次考古发掘中，再次出土了多件文物，其中玉器25件、陶器39件、各类石器42件、骨器1件，为研究良渚文化在江南地区的社会形态、自然环境提供了新的材料。

少卿山遗址，和绰墩山、赵陵山遗址一起，并称为"昆山三大古文化遗址"。这三大遗址的出土文物，揭开了昆山几千年文明历史的神秘面纱，让我们看到了五六千年前的昆山面貌。

它们的存在，证明了这片鱼米之乡的古老、鱼米之乡的来源，也证明了这片鱼米之乡悠久的文化。如果对这三大遗址进行一些特征性总结：绰墩山的出土文物，丰富且全面，反映了先民在种植技术、渡河生活等各方面的生活情况；赵陵山的出土文物则展示出与众不同的文化信息，尤其是那个被称作"通天之宝"的"神人鸟兽玉雕"，它传递的文化理念，尤其富有文化意义。

那么，少卿山呢？

少卿山最大的特点，就是它最独特、最可爱的温润清俊、纤巧灵秀的美吧。它更像是烟雨江南的美女，袅娜轻盈，表达出一种情思烂漫。

太史淀遗址

太史淀遗址

太史淀遗址位于昆山市周庄镇王东村，在村北白蚬湖、急水港北部的浅水湖泊——太史淀之下。

1977年，当地人在围垦工程中，发现湖的东部有一些出土物的痕迹，判断该处为一处早期遗址，于是马上汇报给当时的文管所。由于当时文保意识缺乏，这处遗址暂时没有确定属于什么时代。一直到2008年6月19日，当时的昆山市文物管理委员会会同苏州市考古队，对附近的黄墩港庵息山进行了保护性考古勘探，才初步探明，庵息山为良渚文化遗址，与太史淀遗址年代相近，约有4500年历史。

于是，这个藏在水底的遗址，被意外发现了。

这个被发现的遗址，南北长大约1000米，东西宽500米，考古人员在这里采集到一些良渚文化的陶器和石器，有四五十件，还发现了几副动物骨架。著名的黑皮陶飞禽纹双耳罐，就是在这时显露尊容的。不得不说，它的横空出现，真的是让人惊艳赞叹。

昆山并不是没有出土过陶罐，各种各样形状各异的陶罐，有上百件。可是这个黑皮陶壶出现的时候，所有人都惊讶得合不拢嘴巴。

四五千年了，那匀称的黑色壶身还炯炯发着亮光。那么完美的黑皮，光滑滋润，仿佛刚刚从几千度高温的火炉中诞生出来一样。它的形状也很大气，你看那圆形的圈足，多么浑厚有力，带着两只耳朵的陶口，多么圆润。最令人惊讶的是，通过一个长长的脖颈，那上下拼接一般的肚腹，是怎么创造出来的完美曲线啊？雍容端雅，沉稳大方。就以这样的姿态，活了几千年，还是那样落落大方，出现在人们面前。

这美丽的、不可思议的黑皮陶壶啊！即使它身上没有任何花纹，它也那么浑然一体地美丽，美得不可方物。可是，它偏偏用神奇的力量，让壶口部位出现了匀称的纹路，而壶身上，出现了翩翩飞翔的鸟！

那些飞动的鸟，更像是写意画，简约大方，将翔将翔。它们的姿态优美，前后呼

良渚文化飞禽纹黑皮陶贯耳壶

应地向上而飞,似乎排成了一个有序的队列。这种绘画和排布,相信也经过了巧妙的构思。它堪称艺术品,非常完美的艺术品。

它不是金,不是银,是黄土经过高温烧制后制成的粗糙的陶器。这么平凡的出身,却被评定为国家一级文物,它的魅力就在于它身上凝聚了先民的艺术才情和创造力。这种无形的东西,比真金白银更加昂贵,昂贵到无法用金钱来计算。每次我们凝望它,仔仔细细去观看它的鸟纹走向的时候,我们总忍不住想起绰墩山那个黑皮鸟纹宽把杯,那个器物绚烂,这个器物沉稳,但是不管什么样的气质,都让我们想起昆山先民的艺术才情。

这片历史上艺事繁华,并且最终创造了昆曲的土地,华美而富有创造力的才情,从这个时候,就已经滥觞了吧。

太史淀文物,似乎在竭力向人们证明它们强烈的农耕文明的生活化特征。接下来出土的很多器物,都向人们展示了这深深黄土上人们"日出而作、日入而息"的生活痕迹:石犁、石斧、石锛、石镞等石器应有尽有,有几把三角形石犁,刃长都超过了30厘米。

这图中的是一个石凿。打造成一头尖一头粗的形状,应该是用来开凿一些生活物件的吧。3组木井圈、汉代陶井圈、宋代带榫砖井,水井是人们稳定生活的必需品。宋以前,这里应该是世代聚居的村落,这浓郁的远古村落特征,一次次触发我们浓浓的乡愁。目前遗址大部分位于湖水之下,印证着桑田沧海的变化。

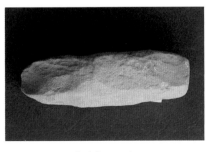

良渚文化石凿

太史淀遗址是昆山最重要的新石器遗址,文物数量丰富,保存完整,各类陶片达60多种,发现动物骨架5件,特别是发现木井圈一个,它是先民定居的实物资料,十分珍贵。

一个神秘的刻符的出现，让太史淀变成了一个神奇的、无法被忽略的地方。

在太史淀这众多的出土文物里，这一件文物貌不惊人，只是一个普普通通的陶器。这件陶器从外观上来看，整体呈现黑灰色，唇口，溜肩，平底，鼓腹，轮制。口径6.4厘米，高10.9厘米，腹围13.5厘米，底径7厘米，重量33.04克。陶罐上没有精致的花纹，应该不属于祭祀用品，但用作日常生活用品似乎也显得太小，不能判断用途。

让人惊讶的是，这个看上去普普通通的陶罐的罐口上面，发现了一个特殊的神秘刻符，形状类似吃剩的鱼骨头：一个圆形鱼头骨，下面是一个纵向的鱼骨，纵向的鱼骨上面穿插三条横向鱼骨，三条横向鱼骨大致呈平行状。

这个神秘刻符的出现，让专家们感到兴奋并且惊讶。因为它不太像一个随意的刻符，而类似一个有含义的文字：吴。

不管是江苏所属的"吴地"，还是曾经的古国"勾吴"，这个"吴"字的出现，都有些惊世骇俗。

这个看似有含义的文字，很可能和东南吴地最早形成的区域名称有关，这里有可能是"吴"字的发源地。

"吴"字最早出现在人们视野里，是西周时候对诸侯国"吴国"的称呼。关于"吴"字，《说文解字》是这样解释的："吴，大言

太史淀出土的鱼形刻画符陶罐

也。""大言"是"大声叫喊"的意思。

为了解释这个"大言"的含义，专家们也是竭力发挥想象力进行猜测：吴人在上古时代合围狩猎，设好陷阱或者围网之后，人们大声呼喊驱赶野兽，所以叫"大言"；也有人解释说，吴人捕猎喜欢穿着兽皮制作的衣裳，所以"吴"字和"虞"字通假；还有一些专家认为"大声说话"是向某种神圣物祈祷的原始宗教行为，而这个神圣物，就是"大山""山岳"。

但是，如果我们有了这样一个实实在在可靠的刻符，对"吴"字的解读就变得非常简单。"吴"字并不是一个会意字，而是一个象形字。它的来源是鱼骨头的形状。这个类似文字的刻符，是今天发现的中国最早的"吴"字的雏形，这就有了文字意义。

良渚文化的考古层里，发现了大量的神秘刻符。良渚博物院编著的《良渚文化刻画符号》整理汇编了良渚文化刻画符号，收录了卞家山、庙前、庄桥坟等良渚文化遗址中发现的554件带刻符陶片、石器和玉器，符号总数达656个，包含3000余张器物图片及相应的拓片、摹本。大量的刻符出现在良渚文化的陶器、石器、玉器等器物上，令人视野为之开阔。

中国社科院历史研究所原所长、中国古文字学家李学勤教授经过研究，认为："良渚文化的陶器和玉器上，业已发现好多刻画符号。有象形的，有抽象的，还有几例是若干符号连成一串的……不承认其为文字是很困难的。"

虽然这些刻符到底是属于图案还是文字现在还不能形成公论，但是，少数刻符承载的一些具有实际意义的含义，还是被专家解读出来了。我们可以不承认良渚时代原始文字已经出现，但是我们不得不认可这些刻符承载了一定的文化功能。比如这个鱼骨头的象形刻符，就不止一次出现在良渚时期的器物上，由此证明这个刻符代表的象形意义和当时人们的生活息息相关。

在目前昆山一带的吴方言中，"吴"和"鱼"的发音基本一致。鱼骨头的刻符"吴"，和鱼是意义相关、含义相近但并不相同的一个字。在鱼米之乡的昆山，鱼毫无疑问是和昆山人生活密切相关的东西，那么这个鱼骨头刻符，到底代表什么含义呢？

陈国柱先生在《吴文化·勾吴考》一文中，对"吴"字的解析最为独特：当时在长江中下游广泛分布着鱼族，其中在太湖流域的鱼族有"吴、越、干（名称）的不同"。他认为当时人有晒鱼以贮存食物的做法，"勾吴"的原意是"干吴"，也就是"干鱼"。

居住在太湖流域的良渚先民以捕鱼为生，他们的食物，肯定和大量的鱼有关。旺季捕捞之后，晒鱼，腌渍，贮存，应该是他们加工、储藏食物的方法。鱼骨头，可能代表的就是干鱼。这个陶器的大小，并不适合民众用来储藏东西，也许是祭祀时用来摆放鱼类的用具吧。在瓶口位置刻一个"吴"字，正是表明这个罐子的储藏功能——请上天来品尝这里的干鱼。

我国已发现的神秘原始文字或符号共有八种，包括《仓颉书》《夏禹书》、贵州"红岩天书"、四川"巴蜀符号"和浙江仙居的蝌蚪文等。研究人员还陆续发现了四川凉山地区的沙巴文、湘西地区的女书等神秘文字。这些神秘的原始刻符和文字，都向世界证明中华古文明的渊源是很古老的。

周庄太史淀出土的这一个神奇的"吴"字，正是太湖流域先民文化渊源的证明。这个文字里面包含着江南的地域文化和特性，反映了古代先民改造大自然、寻求生存之路的特征，具有非比寻常的意义。

对着周庄太史淀出土的这个罐的罐口，我们久久停留，思索。

在考古出土的文物中，不乏精美得令人赞叹的文物：鎏金翠色、珠玉镶嵌的凤冠，精美绝伦、颜色奇异的瓷器碗……不管多么美丽，它们制作技艺的高超，都令人叹为观止。

但是，自始至终，我们都会更珍惜一种带着人类文化气息的东西。比如这个貌不惊人的罐子，罐口上那个神奇的文字。

不知道是哪一只手，带着什么样的心情和目的，刻下或者写下了它。在他刻下或者写下了它的时候，文化就在他手中传递了下来。在那一刻，他的心头，和我们的心头，是一样的频率，一样的理念。文化就是这样传递下来的。

太史淀，是一个乡愁的所在，一个古老的沉落的乡村。在被水淹没的泥沙下面，不知道还埋藏着什么样的秘密。从这里出土的带着文化信息的文物，传递着来自上古的文明的讯息。一个先进的文明曾在这里生存着，善于创造，善于绘画，富有才情。

他们把一个关于鱼的文明留在了这一片湖泊纵横的土地上。

黄泥山遗址

　　黄泥山遗址位于昆山的黄泥山村，从外表上看，就是一个高大的山丘，高9米，东西长70米，南北宽60米，面积约4200平方米。1961年开始对这里进行调查，1987年尝试挖掘，发现了马桥文化遗物，出土了青铜箭镞、陶罐、大量印纹陶残片、汉代绳纹陶片等。遗址所在的土层，厚度大约有2米。

　　黄泥山这座"山"，是怎么形成的？是天然的土堆，还是人工搬运制造的"丘山"？

　　根据对地层成因和不同层的出土遗物分析，得出结论：黄泥山是由人工堆筑的土台，而不同的土，竟然来源于不同的地方。

　　说起来很奇妙。这里一代又一代的人，将这个土台上的土，搬运了一次又一次。

　　如果把这个高台上的土层分为9个土层的话，那么最早的第一层土层，是马桥文化遗址堆积的土。第二、第三层，由搬运马桥文化遗址的土堆积而成。第四至第

黄泥山遗址

汉代陶罐

九层，由春秋时期搬运生土堆筑而成。所以，这个遗址最晚为春秋时代，说明黄泥山是春秋时期人工堆积的土台。它的作用，可能是个烽火台或屯兵处。与南边的千灯少卿山、西边苏州唯亭的夷陵山形成掎角之势。

黄泥山考古发掘中，出土了很多鼎、罐、盆、纺轮之类的陶器，也有箭镞、刀、镰之类的石器。

黄泥山，也叫"高墟山"。《昆新两县续修合志》："高墟山在信仪镇东北六里，相传高力士葬此，故名，俗呼'黄泥山'，亦称'太平山'。"所以在昆山民间，一直流传一种说法：黄泥山是唐玄宗身旁的宦官高力士的墓地。因为曾经埋葬了唐代这位宦官，所以这座山被称为"高墟山"，这种说法可信吗？

宋代昆山有位诗人叫黄由，在昆山《光绪信义志》中，能够查询到他的诗：

不识力士名，焉知宦者墓。长门恩眷深，兴亡不相顾。

玉环死马嵬，幸蜀嗟中露。试问何时归，脱亡如狡兔。

空葬等山陵，四围列古树。寒风撼泥沙，渔樵声几度。

可见黄泥山埋葬高力士的传闻，早在宋代就已在昆山民间流传。黄由的诗正是在此传闻基础上抒发的感慨。

明代诗人周恭也有一篇诗文，最后两句是："地下果埋高力士，玉环妖骨是谁收。"从周恭的诗句来看，他也听到了高力士埋葬于黄泥山的传闻。他似乎对这个传闻并不相信，所以提出了一些质疑。不管质疑也罢，相信也罢，总之高力士埋在黄泥山的传闻，不是空穴来风。

根据地方志的记载，黄泥山原来叫"太平山"，昆山民间有"正月初三登太平"的习俗。《新唐书·高力士传》记载：安史之乱后，唐玄宗成了太上皇，职权基本被废。高力士陪伴其左右，反而被奸佞李辅国怀疑，李将其流放到巫州，连和玄宗皇帝最后告别都不让。

一直到玄宗、肃宗两个皇帝死后，代宗皇帝即位，才赦免了高力士。高力士当时已经年满79岁，见到玄宗皇帝的遗诏，要自己死后陪葬，忍不住向北方恸哭，悲不自胜，在朗州（今湖南常德）呕血而死。代宗因为他有功，赠扬州大都督，陪葬泰陵（陕西蒲城县金粟山）。陕西蒲城县有高力士神道碑碑文和墓志铭。

由此可见，高力士死后葬在蒲城县金粟山是可信的。但是，远隔千里之外的昆山，为什么会有高力士墓地的传闻，而且记录在地方志中呢？这可能和唐玄宗时代另一个宫廷艺人黄幡绰有关。

黄幡绰和高力士都是唐玄宗身边的名臣，两个人都受到皇帝的宠信，在皇宫里生活了几十年，彼此结下了深厚的友谊。安史之乱以后，两个人的命运随着玄宗的失势而全然改变。黄幡绰流落到了江南，高力士也被流放。高力士死后，远在江南的黄幡绰失去了挚友，心中极其悲痛，就把自己从宫中带出来的旧物埋葬在黄泥山，作为高力士的衣冠冢，以寄托哀思。黄泥山和绰墩山相邻而望，黄幡绰一眼就能望见自己朋友的墓冢。这可能就是黄泥山埋葬高力士说法的来源吧。

今日的黄泥山，风景依旧。前面临水，后面高丘，翠竹环绕，树木茂密。站在高丘之上，但觉视野宽阔，放眼无边，清风徐徐，心境自安。这样的灵山秀水，真是人间福地。

金粟庵遗址

金粟庵遗址一角

金粟庵遗址，位于昆山市绰墩村，这是元代末年昆山贤士顾阿瑛用祠堂改造的一个佛堂，因为顾阿瑛自号金粟道人，所以这个佛堂得名"金粟庵"。

清代《昆新两县志》载："绰墩在城西北朱塘乡第三保第四保，有绰墩山，上有寿宁庵，下为顾德辉（顾阿瑛）金粟堆。"

在元末明初这个江山剧烈变动的时期，金粟庵和它所在的玉山

不慕荣利　神仙之徒　玉山佳处　有邻不孤

元封武略将军飞骑尉顾公德辉

顾德辉像

佳处等名胜，随着主人命运的沉浮变换，也经历了鼎盛时代和不可避免的衰落时代，见证了整个历史的兴衰。

顾瑛（1310—1369），元代文学家，一名阿瑛，又名德辉，字仲瑛，自号金粟道人。昆山正仪人。在顾阿瑛生活的元末时代，海上贸易发达，和上海近距离的昆山，商业也十分发达。顾阿瑛跟着父亲外出经商，少年时候已经积累了巨大的财富，顾家为东南富甲一方的富豪。王世贞《艺苑卮言》："吾昆山顾阿瑛，无锡倪云林，俱以猗卓之资，更挟才藻，风流豪赏，为东南之冠。"

顾阿瑛并没有因为家世豪富而单纯去做一个商人。他30岁开始折节读书。元代社会书画诗文的风尚都很浓郁，东南地区尤其如此，顾阿瑛就擅长绘画，尤其是山水、花卉、翎毛之类。他精通音律，善于诗文，并且轻财结客，豪宕自喜，在正仪这里修筑了一个很大的园林，取名"玉山佳处"，里面有亭馆若干所，傍植各种花木，以梧竹相映带，收藏有奇石真宝、书画古玩之类。《玉山草堂序》中云：

　　玉山草堂者，昆山顾仲瑛氏为之读书弦诵之所也。昆以山得名，而山有石如玉，故州志云"玉山"，仲瑛因是山之势筑室以居之。结茅以代瓦，俭不至陋，华不逾侈。散植墅梅幽篁于其侧，寒英夏阴，无不佳者以其合于岩，栖谷隐之制，故云"草堂"。

玉山佳处是江南园林一个卓越的代表，据说这里的景胜有36处，有桃源轩、钓月轩、可诗斋、浣花溪、拜石坛、金粟影、放鹤斋、

41

鸣玉堂、湖光山色楼等名胜。这些富有诗意的名字，让人想起王维归隐的辋川别墅，想起辋川别墅里鹿砦、辛夷坞、竹里馆这些清美无尘的名字。可知这样一个佳处，有着浓郁的文人诗画的味道。《玉山名胜集》说："其所居池馆之盛，甲于东南。一时胜流，多从之游宴。"

顾阿瑛把这个读书的雅居之处变成了一个天下名士的雅集之地，当时的名士杨维桢、倪云林、柯九思、高则诚等一大批元朝文化佳士，还有很多世外的道人仙家、西域的胡僧，都在这里相会。他们或者精于音律，或者擅弹琵琶，或者能够讴歌，或者善于制曲，把这里变成了一个东南地区闻名天下的雅会之地。中国古代有三次著名的雅集，即玉山雅集、王羲之的兰亭雅集和苏轼等人的西园雅集。

顺便说一句，这玉山雅集之中，还有一名常客，叫顾坚。他是昆山千灯人，精于南辞，善作古赋。后来也被当作昆山腔的鼻祖。玉山雅集里这一群文人雅士，对于后世昆曲的诞生，有一定的影响。

虽然如此，但是这富甲一方的豪富，同时也被元朝任命为武略将军，在那个天下纷争的乱世，已经不能自保。占据苏州的张士诚强逼他做官，顾阿瑛婉拒，只得削发为家僧，自称"金粟道人"，建立金粟庵。

元朝灭亡以后，明朝建立。朱元璋对苏州乃至江南原来支持张士诚的士人很是仇恨。江南一大批士人被杀，顾阿瑛预感到自己也将面临重大危机。有一天，一只鹏鸟飞入顾阿瑛家中，他觉得很不祥，觉得自己的生命已经所剩不多了，就给自己画了一张小像，题诗《自题小像》："儒衣僧帽道人鞋，到处青山骨可埋。还忆少年豪侠兴，五陵裘马洛阳街。"

这首诗很有生命的味道。曾经的豪迈慷慨，如今的"儒衣僧帽道人鞋"，不伦不类，这是被现实生活所迫。顾阿瑛面对这样的时代，也毫无抗争之力，只能任由命运捉弄。他用洒脱豁达的态度，去

广灵桥北边花坛的古碑帽

面对这种命运,"到处青山骨可埋",表示弃置自身,随处死亡,随处埋葬算了。

明洪武初,朱元璋强行将苏州一带的富豪迁徙到安徽,统一管理监视。"人离乡贱",江南富豪因此被连根拔除,顾阿瑛也被迫离开故土,全家迁徙到凤阳。顾阿瑛在迁往凤阳的时候,有一首诗《往凤阳次虎丘》:"柳条折尽尚东风,杼轴人家户户空。只有虎丘山色好,不堪又在客愁中。"道尽繁华梦尽的萧索落寞感。

顾阿瑛到凤阳两年后就去世了,方得尸骨还乡入土。冠绝一时的东南富豪,却落了一个随处可以埋骨的凄凉悲惨结局,这正是那个时代个人命运的写照。

顾阿瑛和他的时代,一起过去了。

但是,金粟庵的故事并没有因此停息。

这位富甲一方的大富豪即使死去了,还是会被无数人惦记。尤其是他的墓葬,很多不怀好意的人期望一盗成富豪。所以,在地方志书上,还记载了两次关于金粟庵的盗墓事件。

绰墩山并不大,顾阿瑛的墓穴并不难找到。康熙年间,绰墩山出现了一次盗墓事件,光绪《昆新两县续修合志·冢墓》记载:

国朝康熙中,有无赖子觊圹中所有,从佛殿后穴地引绳,秉烛下,见圹中垒石为穹梁,以大索二,系柩半空,前设石案,案设香炉、蜡台,一瓷瓶,高尺许。其人以寒阴逼人,取瓷瓶急出。

清朝的嘉庆年间,因为天灾,金粟庵这里再度发生一次意外事件。

嘉庆乙亥二十年夏,大雨连旬,庵前数武忽陷一穴,深不可测。缒灯俯窥,略如石瓮。四围者,里人以土填之,久始满。

清代《昆新两县志》载："有绰墩山，上有寿宁庵，下为顾德辉金粟堆。"说明金粟堆正在寿宁庵下面。大雨连绵，一连下了十几天，导致在寿宁庵前面突然出现一个大洞，深不可测，往里面看看，也看不清楚，就是一个大石瓮。然后大伙就开始填土，使劲填，填了好久才填满。

根据文字描述，推测文中提到的大洞就是顾阿瑛的墓穴。一个进去观看了，一个在外面探视了一下。

只是让人感到奇怪的是，一位大富豪的墓穴，为什么如此简单呢？

因为顾阿瑛经历了从盛到衰的人生命运，生死已看得很淡。他曾经对儿子说：后事要极为简单。

当时有一只鹏鸟飞到屋子里，鹏鸟被认为是不吉祥的鸟，象征着家庭的厄运。顾阿瑛觉得不吉，担心自己会突然毙命，仓促之中来不及留给子孙话语，因此提前交代说："死后只要苎衣、桐帽、梭鞋、布袜缠裹尸身就可以了，不要放入金银器皿，否则反而成为祸患。"

他让儿子在墓前留下碑刻的时候，吩咐说："当今兵戈四起，白骨成丘。家无余粮，野有饿莩，虽欲保首领以没，未知天定何如耳！"

广灵桥

顾阿瑛对前途是悲观的，当时的情形，也是苍凉的。所以顾阿瑛的坟墓里，其实并没有太多的随葬品。一来家里没落了，二来就算有金银器皿，留在墓穴里也是祸患。

顾阿瑛还是很明智的。他生前所作出的判断，在他死后都变成了现实。中国儒家士人，都追求灵魂的不朽，不追求物质的富有。对于顾阿瑛来说，能够有当日玉山雅集的盛况，能够有《玉山草堂雅集》诗文的传世，也算有个好结局了。至于死后的墓葬，还有什么要紧的呢？

金粟庵后来颓败了。明万历年间，有佛教信徒在原址上重建寺院，取名"广灵庵"。如今的广灵庵亦已不存，但广灵桥仍风姿依旧，跨越在那条清浅的河流之上。桥畔的树木是那样青翠葱郁，旁边的荷花池里，并蒂莲在盛夏时候开出亭亭玉立的并蒂莲花，让人惊叹这灵物跨越千年的美丽和永恒的生命力。古银杏树高耸入天，难以合抱，身上是龙鳞一般的树皮，像个鹤发鸡皮的老人巍然屹立。它遒劲苍老的枝叶面向世界打开来，似乎吞吐着这一方的灵气，向来者诉说着600年来金粟庵挥之不去的历史沧桑。

勤丰等遗址

勤丰遗址

勤丰遗址位于昆山市巴城镇勤丰村西。这是一处以马桥文化为主的遗址。2009年被公布为昆山市文物保护单位。从表面上看，它就是一片绿油油的菜地，田园风光，静谧得让人想要停下来，静静呼吸。

勤丰遗址

这是一个沉睡了很久的遗址，一直到1986年才被发现。这座遗址东、南、西三面环水，主要分布在村北部与东部，尤以东南角堆积为厚，保存最好，为遗址的

勤丰遗址一角

陶鬲

网坠

中心区。地表能够采集到大量印纹陶片与夹砂陶片,多为马桥文化的典型遗存,有部分良渚文化遗存。

虽然这个遗址很低调,可是发现的文物还不少,先后发现石犁、石钺、石斧,以及夹砂灰黑陶鼎、泥质黑皮陶贯耳壶、罐、豆、匜等。比如这个红白相间、鲜明亮丽的陶鬲,还有这个设计精巧的网坠。

庙墩西遗址

庙墩西遗址,位于昆山市玉山镇庙墩村西南。遗址为一高出周边的土墩,四面环水,近正方形,南北、东西均长100米左右,最高处5米左右。周边环境、原有水系保存较好,为良渚文化时期典型遗址。2009年被公布为昆山市文物保护单位。

庙墩西遗址东北角

青石构件

这处遗址因为接近居民区，所以被现代民居侵占严重。墩体东部被居民住房占压，东北角环河已被填平建造房屋与道路。遗址上种植有竹子、蔬菜等，绿油油的一片，看上去生机盎然。

自古至今，人们在这里繁衍生息，一代一代，一轮一轮。最早是新石器时代良渚文化遗存，晚期是宋元时期遗存。

玉峰遗址

玉峰遗址位于昆山市玉山镇玉峰山西山南，是一处新石器时代古文化遗址，1992年才被发现。这片遗址原来面积约1000平方米，现存高地中部有366平方米。采集到石斧、石锛及大量红陶、黑皮陶、灰陶器残片，分别属马家浜、崧泽、良渚文化遗存。2004年7月，被公布为昆山市第三批文物保护单位。

玉峰遗址是一块非常特别的土地，它可能是昆山原始先民最早生活的地方。6500年前，东海海面有一次波动下降的过程，海水开始东退，先民从地势较高的马鞍山南麓（玉峰遗址）逐渐向绰墩山等靠近湖泊的地区转移，开始了定居生活。而这里的一粒黄土、一抹烟尘，都带着关于昆山的深邃记忆。

玉峰遗址

玉峰遗址远景

古城古村落

山水依旧，今月曾经照耀的那些昆山古城古村落

武城遗址

武神潭（由北向南）

2500年前吴越争霸的春秋时代，昆山的战略地位非常重要。隔着茫茫太湖的对岸，就是吴国最大的竞争对手：越国。

吴王阖闾在贤相伍子胥的帮助下，称霸的心思一天比一天强烈。他把新的吴国都城建于姑苏。围绕姑苏城的建立，他势必采取很多措施来巩固城池。阳澄湖湖面辽阔，对于姑苏城来讲，这是一道天然的屏障。

吴王阖闾在湖的东、北、南三面筑城，"以御见伐之师"。也就是说，为了防护姑苏城，吴王阖闾要在周边做好军事防护，位居姑苏城东边，阳澄湖畔的巴城一带，就负有这样的防护任务。吴王阖间希望通过这个军事防御城池，防备从长江北岸渡江来侵的东夷。

东夷当时是指哪些诸侯国？可能是北面的徐国及周边国邦。当时东夷的威胁的确很严重。威胁最近的一次，东夷的军队一直到了唯亭。唯亭原来不叫"唯亭"，叫"夷亭"。《吴郡志·舆地》载："夷亭……阖闾十年，东夷侵逼吴境，下营于此，因名之。"唯亭原属昆山管辖，曾经是东夷驻扎的地方。

如果东面的势力扰及昆山，势必会严重威胁姑苏城的安危。在昆山阳澄湖附近修建军事设施，就有了军事上的必要性。《玉峰志》记载，吴王阖闾为了抵御东夷，在娄邑（昆山古名）境内修筑了7座古城，其中便包括武城（也叫"南武城"）。

明代昆山诗人袁华有一首《卢伯融秦文仲同集顾仲瑛湖光山色楼分题浔阳城湖》。诗中有句云："度雉巴城乃其亚，以城名湖胡不同？"诗中提及的度城、雉城、巴城、阳城等地名，至今还在使用。这是一种很奇怪也很有趣的现象，当时的湖泊，都是以城池的名字来命名的。就比如我们说了无数遍的阳澄湖，最早的名字，其实应该是"阳城湖"。

或许因为是吴王阖闾所筑，所以今天的南武城，曾经也被称为"阖闾城"。

那么武城的具体位置，到底在哪里呢？《汉书·地理志》会稽郡娄县下载："娄有南武城，阖闾所起以候越。"

清《嘉庆一统志》苏州府下载："南武城在昆山县西北。《越绝书》：'娄县有城，去县三十里，今为乡也。'《姑苏志》：'有武城村，在朱塘乡三四保。'"

《巴溪志》也记载："武城在镇西八里。""现称武城潭乡，有村落计百余户。"

按照这些志书的记载，我们可以找寻到武城的大概位置，就是今天阳澄湖东北岸巴城镇北潭村的所在地。它位于昆山县城的西北

七浦塘和斜路港交界处

部, 阳澄湖的东北角, 属昆山市巴城镇武神潭村, 面积约3平方公里, 四周分别围绕有东江、阳澄东湖、斜路港和七浦塘等。

北宋后期水利学家、昆山人郏亶在《吴门水利书》中记载, 苏州一带除太湖外, 还有昆承湖、阳澄湖、沙湖。昆北湖瀼区有武城瀼。有人认为, 当时的武城已经陷落为湖泊。但是从武城的产生历史来看, 还有一种可能: 这些曾经的城, 从诞生的时候开始, 就是实实在在的水城。

如果能够居高俯瞰的话, 这一处春秋末期的军事遗址, 体现出周代人的阴阳理念和八卦原理, 令人惊叹不已。

相传伍子胥"象天法地"建姑苏城, 天象、风水、阴阳等要素, 都是他考虑其中的。这种理念, 在武城的设计上也显示了出来。设计者运用阴阳八卦原理, 结合湖畔地形地貌, 精心构筑了一座"卦形"水寨军防城。这处水面军事设施竣工后, 据说吴王赐名为"南武城"。

文物可阅读

整个水城的设计，呈"出"字形，一共有12处水道出口。水城的设计，充分利用了纵横曲折的河道所具有的虚实形势，构成一座充满神秘色彩的、易守难攻的防御城。虽然时间已经过去了2000余年，也因为修建公路等对武城遗址造成了一定程度上的破坏，有些地形已有了较大的改变，但八卦水系及其他武城遗迹仍清晰可见。这些遗留在遗址上的春秋文化理念，让这个古城有了更加神秘的东方色彩。

南武城的设计者是谁，还缺乏具体的史料证明。根据当地的传说，南武城和另一位卓越的军事家孙武有着密切的关系。

在《孙武与南武城》这篇文章中，记录了以下内容：在伍子胥的强力推荐下，吴王阖闾任用了著名军事家孙武，让他以阳城湖为屏障，在东、南、北筑城郭来进行战略防御，以防止越国和附楚淮夷的侵扰。孙武考察后选择了位于阳城湖东北的一块宝地，即南武城。

因南武城的位置面临长江，又可依托阳城湖水面训练一支强大的水军，所以它是一处军防要塞。吴国控制此处，水军南下可以进攻越国，沿江西上可以攻打楚国、蔡国，而沿海北行则可以征齐、鲁、宋等。若此处被敌方占领，水师由长江集结于阳城湖，即可以从四面八方进攻姑苏城。

南武城东西宽3.5公里，南北长4公里，占地面积约16平方公里，四周分别为东江、阳城湖、斜路港、七里塘。南武城遗址所在地武神潭为一方形湖泊，水面约30亩。潭南有小娄江，自西向东，流入潭上港，似为第二道城河。

从小娄江和潭上港南流至阳城湖，河口呈喇叭形，称"东喇叭"和"西喇叭"。东村叫"里巷"，西村就叫"喇叭里"，为船只出入阳城湖的通道。村西为木架甸港，港岸由木排架起来，为水军操练之处。跨潭上港的武城桥，为明洪武年间所建，今改为水泥桥。

南武城如同一块福地，不仅有战略意义，还有一定的疏浚河道

西喇叭口

东喇叭口

的作用，这里没有水患之灾，只有水利之便。周围百姓为了纪念孙武的丰功伟绩，在武城潭遗址上建造了一座武神庙，供奉孙武，表示对他的崇拜和敬仰（该庙于1959年因建小学被拆毁，2002年6月恢复重建）。

　　武神庙也被称为"护国庵"，百姓在这里祈求五谷丰登，祭祀者络绎不绝。后来发展到如地方有灾、家中有病，都来向武神祈祷保佑平安，表现出人们对孙武的无限敬仰。由于武神庙的建立，武城地名也随之改为"武神乡"，并一直沿用到新中国成立初。1956年，在撤区并乡时，这个地方改名为"巴城乡北潭村"。2001年8月，东江、

文物可阅读

杨北、北潭三村合并，取名为"武神潭村"。

20世纪70年代，发现潭底有一条南北向的街道，宽约2米，长50余米，还有一排三口井，都由带榫的井砖砌造。经过考古发掘，出土了陶罐、陶瓶，经实地采集，有汉釉陶片和唐宋陶片，但没有发现更古老的文物。

2007年6月，当时的昆山文物管理所对武城遗址进行了考古调查，认为武城遗址是我国唯一的春秋吴国军防水寨遗址，具有较高的历史价值、科学价值。2009年5月，苏州市考古研究所和昆山市文管所联合对武城遗址进行了考古调查、勘探工作，考古人员在护国庵、永宁庵、状元泾桥、界桥、东喇叭口、西喇叭口等地的考察中，发现了数件春秋时期的陶片。

武城因为地形较高，历来为农村民居所在地，历经2000多年，

护国庵

依旧保存完好。作为美丽乡村建设的一部分，这里经过当地政府再度修缮，河水清澈见底，清风徐来，杨柳依依，野花野草和高树相间，江南水乡风貌浓郁，景色非常美丽可爱。当联想到这片水域2000年的前世今生，恍若穿越古今。

小岛

度城遗址

度城遗址

度城遗址，位于昆山市淀山湖镇复光村西面度城潭。1997年被公布为昆山市文物保护单位。

宋淳祐《玉峰志》记载："度城在县东南七十里，相传黄巢时所筑，今城虽不存，犹有城濠及掘地间得城砖。"又明嘉靖《昆山县志》记载："度城在县东南七十里，相传黄巢时所筑，今有度城潭。"

1958年，当地群众来此打捞湖底沉积的铁矿，意外发现了新石器时代的遗物，由此发现了度城遗址。在这里出土了良渚文化的穿孔石斧、石锛、石耘田器等，也有黑衣陶罐残片、鱼鳍形陶鼎足等。

经过勘探发掘，在这里发现了距今6000年至5000年的马家浜

文物可阅读

文化、良渚文化和夏商周时期的文化遗存，还有一些唐宋时期的文化遗存，出土了唐开元小平钱、宋崇宁当十钱和一些宋代的瓷片。表明这个地方的人类一直绵延不绝。

令人瞩目的是，这里发现了夏商时代的长三角形石矛、石铲、有肩石斧等物，以及圆锥形陶鼎足、几何印纹陶片，还出土了大量的西周至春秋战国时代的印纹陶片。

昆山发现的良渚文化物件很多，但是夏商和西周的物件并不多，度城遗址出土的文物似乎是要验证它们在昆山也是存在的。

虽然并没有发现完整的陶器，但是这些陶片上丰富多彩的纹饰迥然不同，显示着和良渚文化的异样之处。

这些纹饰有篮纹、叶脉纹、云雷纹、回字纹、填线方格纹、米字纹、米筛纹……凡所应有，无所不有，似乎是为了特别证明先民们非凡又富有才情的艺术创造力。

这些美丽无比的纹饰，到底来自何处的灵感，何处的才情？只有那一双双善于发现美的眼睛和灵心巧手，才能绘制出如此美丽的花纹吧。

陶片纹饰

金城遗址

金城遗址一角

汉代城墙遗址

  金城遗址，位于昆山市花桥镇陆巷村与陶家村交界处。康熙《昆山县志稿》载："金城，在县东三十里，城基犹存，相传吴王所筑，今犹有金城浦之称。"

  从这段记录可以看出，这个金城应该是吴王阖闾在昆山修建的几个防护城之一，和武城差不多同时期。这里曾经发现10座土墩，大多分布在农田中。在这些土墩里，出土了大量的陶器和青铜器。

  金城遗址长时间存在于老一辈的口口相传之中，并没有确定过位置。2008年，全国第三次文物普查中，苏州考古研究所对金城遗址进行了考古调查。他们根据周边河流走向确定了金城的范围：鸡鸣塘为城南护城河，即南界；东面护城河为东界；北边小河为北界；西界在百家村以西。与此同时，普查人员也进行了探方勘察，发现金城的城基建筑在东周文化层上，采集到的文化遗物的年代最早为春秋，其次为战国，这和史书记载是一致的。

现存的金城遗址已经不是春秋时代的遗址，而是汉代修筑的遗址。

这个城池的城墙是用土夯筑而成的，每层夯层厚10厘米左右，这是汉代土城墙常见的堆筑方法。一些城墙夯土为束棍夯筑，这也为确认城基的年代提供了佐证。

考古出土的遗物，也主要为汉代的生活用具，有盆、罐、甑等；还有一些建筑构件，有板瓦、筒瓦及瓦当、花纹砖等。另外还发现了"大泉五十"钱币1枚。

如果从高处俯瞰这个遗址，会发现金城的格局分布：北面为居住的城池，南面为墓葬区。结构完整，城墙遗迹整齐。这是苏州地区一处极为重要的汉代城址。

板瓦

汉代陶罐

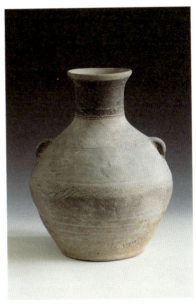

汉代陶罐

锦溪祝甸古窑群

祝甸窑址

　　"三十六顶桥，七十二只窑"，这是锦溪流传已久的话，也成为锦溪一方地域的特色。锦溪祝甸古窑群，就位于昆山市锦溪镇祝家甸村，总面积约12万平方米。

　　作为水乡，小桥流水人家的布局，拥有36顶桥，也并不算太特别。但是"七十二只窑"就不一样了，它是一种独具特色的产业，说明该地不是那么简单。

　　2004年3月，苏州博物馆考古部来到锦溪，对这里的窑址进行了全面调查，在这里发现了8座保存较好的古窑。

祝甸窑址全景

这些古窑外形高大，全部临河而筑。如山如丘，负势竞上，连成一体。远远望去，气势恢宏，古色古韵，给人一种悠久的沧桑感，充满了视觉上的震撼。

考古调查确认：祝甸古窑群始建于清代，窑壁上留有的"双钱""双胜"等图案，都是清代留下的印记。这些窑在民国时期又作了扩建，在外两层包砌用砖上，"8协""双利""利""双砖""双205""双105"等字迹能够证明，这些砌砖是民国至新中国

锦溪祝甸古窑遗址

成立初期的。

这8座古窑中，有1座是双窑（子母窑），其余都是单窑。除某座烟囱倒塌外，大部分保存完好。

祝甸村原有古窑38座。其中，白窑（石灰窑）3座，乌窑（砖窑）35座。清代初期，这些古窑分布在长白荡西北堤一带，之后向东南方向发展，即现在保留下来的窑址范围。现存的8座古窑，由南向北依次排列，在其东侧另有新窑7座。

窑门

古窑有大、中、小三种。窑炉均为砖土结构，穹隆顶。9号窑是保存最完整的一座，该窑由窑棚、烧坑、窑道、火膛、窑床、排烟道、蓄水坑、渗水池等组成。自窑门至后壁全长11.5米，窑床最宽处7.45米。

如果进入窑的内部来观看，各个窑的内

焖窑

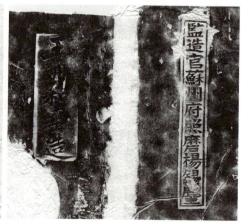

祝家甸村杨国范家收藏的金砖

窑顶渗水池

部形态也各不相同：有的为等腰梯形，有的是马蹄形，有的呈椭圆形，有的是竖井式方坑形。出现各种各样的形状，跟建造师傅的喜好有关，或者是按主家的要求定做的。

比较讲究的窑，窑顶上面还会设置一个渗水池，这样更利于烧窑过程中水的渗出，设计显得十分科学合理。

有的窑外部，还在砖壁和窑门两翼放置壁龛，这里是放茶壶用的，可供窑工喝水。可以想象，在最繁忙的时候，窑工们满头大汗，一边擦汗一边端着大碗大口饮水的场景。正是在这样的汗水淋漓中，一个个方正规整的窑砖，经历了炉火的高温，诞生了。

双窑

锦溪的窑业，自古就很发达。明清时期，锦溪生产的金砖还铺进了紫禁城。据说，当时锦溪承担着为皇宫供奉金砖的任务。那些精雕细琢的门楼砖雕、瑰丽多姿的古建筑屋顶和丰富多彩的脊兽，都在砖窑洞中，经受着温度、湿度、火候等要素的一轮轮考验。匠人们黝黑的胳膊、老斫轮不可言传的感知能力，决定着开窑之后的每一块金砖的完美程度。

在制造金砖的过程中，锦溪的窑工不断打磨自身的技艺，时至今日，锦溪的金砖制作传承人仍能制作出黛青光滑、平整如镜、细若端砚的金砖。

清代抄本《陈墓镇志》有"经窑作，打窑、出灰，俱男工"；又有"男子作佣工，半籍窑业"的记载。说明了在历史上锦溪（陈墓）男子多数以烧窑为业，且有较为细致的分工。锦溪的窑业非常发达，以生产砖瓦、石灰为主，这些窑分布在30多个乡村，窑炉由殷实人家出资而建，招募劳力，手工操作。他们生产的"八结"黄道砖、蝴蝶瓦和石灰，都以质量优良而饱受欢迎，声名远扬。

锦溪为什么会形成这样发达的烧窑产业？一来和当地发达的水系和丰富的水资源有关，二来和锦溪历史上经济的繁荣也有很大关系。曾经上塘街、下塘街热闹繁华，水陆交通十分方便，加上与上海隔河相望，让这里很容易形成产业集聚地。

祝甸古窑址群，是江苏省境内古窑分布最为集中的一组古窑址群，其独特的窑顶渗水系统，为研究古代建筑材料的生产工艺提供了重要的实物资料，对研究江南地区的古窑发展史也具有重要的价值。2006年，这里被公布为江苏省文物保护单位。

姜里遗址

2011年姜里遗址发掘现场(从南向北拍摄)

　　姜里，在昆山市张浦镇的西南侧，东临商秧湖，西靠大直江。姜里遗址，位于姜里村的中村，在姜里潭以及老庙遗址北部。

　　姜里潭中，有东西两座小岛，存在着丰富的文化堆积，为遗址的中心。地表能够采集到印纹硬陶、夹砂陶等商周时期的典型陶器残片。该遗址四周环水，是太湖东部地区一处以商周时期马桥文化为主的遗址。

　　1976年9月，村民在东岳庙东侧窑厂取土时，发现有地下文物，后经文管部门发掘，共挖出历代文物40余件，有新石器时代末期的石斧、石锛、石矛、石刀、鹿角、鹿头骨、野猪牙和各种陶器残件等，距今都在4000年以上。还有商周时期的陶鼎、陶壶，刻有几何图形的硬陶残件，距今也有3000余年。

　　比较新奇的是，这里还发现了晋代的釉陶小碟等，距今也在

姜里遗址全景

2000年以上；有六朝时期的瓷器残片，距今在1600年以上；有宋代的砖刻饰具残件，距今1000余年。这里发现的诸多文物，均陈列于江苏省各级博物馆中。

姜里遗址的神秘之处，似乎和这些新石器时代的出土文物关系不大，而和这里发掘出来的珍宝有关。2003年版《张浦镇志（大市卷）》载："1943年，国民政府曾挖掘姜王山地下藏物，起获金银器皿文物宝藏无数，盛装两大车，移至衙门后不知下文。"又载："1947年4月2日，政府到姜王山开挖，出土金印、铜镜、宝剑、玉折扇等文物。"还载："1949年9月19日，吴县籍挖草皮农民，在姜王山挖草皮时，挖出古盔甲一件、短戟一支。"

一个偏僻宁静的小村落，怎么会出现这么多金银器皿之类的宝物呢？这些宝物属于谁？和这个小村落到底有什么关联呢？

查阅《张浦镇志（1989～2008）》，可以寻找到一些蛛丝马迹。在该志《人物编》里，发现了这样一个人物："里人姜辄，唐中宗朝以功封扶阳郡王，选尚公主，拜爵驸马都尉，夫妻同葬姜里宅地西太公墩，后人为纪念，改呼太公墩为姜王墩、凤凰墩。"这段镇志提供的内容，感觉是比较可靠的。这里曾经出现了一位郡王，娶的是公主，夫妻二人死后都葬在太公墩。民间呼为"姜王山"，又因为是公主的安息之所，龙家凤体，称为"凤凰墩"，也是合理的。

明嘉靖《昆山县志》记载，姜辄后代的墓也被挖出来过。大致情况为：

秘书郎姜府君墓，在姜里村凤凰墩下。嘉靖中，村人赵宗谅取土墩下，得墓石一方，其略曰：府君姜氏，讳希业，字可大，吴中人也。先祖辄，唐中宗朝，封扶阳郡王。父某守虞城县。府君即虞城长子，仕吴越观察巡官，以秘书省秘书郎致仕。宋乾德六年，正月十五，卒于姜里村私第……窆于祖宅西凤凰墩北云。

该县志和镇志的说法是相符的。清《淞南志》载："姜辄，家淞南之姜杭村，唐时选尚公主，拜爵驸马都尉，中宗朝，以功封扶阳郡王，居第在凤凰墩下，后以宅为冢，里人称'姜王墩'云。"清《吴郡甫里志》载："凤凰墩，又名'太公墩'，在甫里东姜里，相传为姜太公避纣东海滨处，后人因名其地。"

知道了这个村落里的人物，那么就知道文物的来源了。

前文提到的1943年国民政府"盛装"两大车的文物宝藏，还没有面世让人一睹尊荣，就不知去向了。估计就是从凤凰墩里取走的文物。

1947年第二次开掘时发现的一座古墓，内有金印、铜镜、宝剑、玉折扇等，童男女殉葬各一人。据明嘉靖《昆山县志》，为"宋吴越观察巡官姜希业墓"。

这则消息有点存疑。因为姜希业是宋代的官员，以"秘书省秘书郎"的身份致仕。宋代是没有殉葬制度的朝代，秘书郎这样的官职，也只是一般的文臣职位，称不上高官，为何他的墓葬里会有童男女殉葬？这一点令人不可思议。

2009年，在全国第三次文物普查时对这里进行了勘探调查。2009年8月，这里被公布为昆山市文物保护单位。

作为一个古老村落，姜里村一直被人津津乐道的，还有这个村子独特的"八卦"文化。至今，村子里还留着这样一个八卦的符号。

姜里村

有人说，这村子的布局宛如道家的八卦；还有人说，村中的水域正好被分割为前后两个水潭，水潭中有岛，酷似太极阴阳二鱼。因为这种独特的格局分布，姜里又被誉为"中国太极水村"，给这个宁静美丽的小村，增添了一丝古朴的文化气息。

这个"太极水村"，以及"姜里"的名字，让人联想到姜太公。毕竟，史书有记载，不是编造。清《吴郡甫里志》载："凤凰墩，又名'太公墩'，在甪直东姜里，相传为姜太公避纣东海滨处，后人因名其地。"这"太公墩"的名字流传久远，唐代应该就有了。姜太公于东海滨行走的时候有没有在这里居住过还真不好说，只能说，或许有吧。

如今，姜里经过当地政府的精心打造，已经变成了一个恬淡、幽静、带着水乡典型风貌的美丽乡村。姜里，这是一个多么美好的名字，一个多么迷人的地方。它的名字里没有写着辉煌，总是和闲情逸致扯上关系；它的名字也不叫繁华，可是繁华过后你总是对它深情眷恋。它的柔情、神秘，让你在寻找大自然的时候一下子扣住灵动的心脉；它的古老、久远，让你在回眸的时候，寄托全部的灵魂也心甘情愿。

也许正是这种返璞归真的理想，让姜里变成了很多人心目中的故乡。尤其是春天，它敞开怀抱，用田野里金黄色的油菜花，迎接着来自四面八方的数不清的归人。

古墓葬

昔人已乘黄鹤去，仙鹤魂归依旧照故土

黄幡绰墓

绰墩山原来并不叫绰墩山，之所以改叫这个名字，是因为唐代一个名伶的到来。那位名伶在安史之乱之后来到昆山，定居在阳澄湖畔。他改变了这里山水的名字，比如傀儡湖和行头浜。他死后葬在这里，这里的名字就改为"绰墩山"。

他就是黄幡绰。

南宋龚明之《中吴记闻》中记载：

昆山县西二十里有村曰"绰墩"，古老传云，此乃黄幡绰之墓。至今村人皆善滑稽，及能作三反语。

对于昆山这个江南一隅来说，一个宫廷名伶的到来，并不意味着多大的事情。这里的人质朴、自然，对来自北方长安宫廷里的皇帝身边的臣子，表达出纯朴的亲近。

这一点，从后面黄幡绰死后，人们对他的安葬方式可以看出来。

黄幡绰是唐代著名宫廷名伶，号称"中国十大名伶"之一，职位也很高，能言善辩。最重要的是，他精通音律，所以深受唐玄宗的信任

绰墩遗址

黄幡绰雕塑

和喜爱。史书上留下了很多关于他的记录。

黄幡绰的到来，对昆山的影响非常大。他将唐代的宫廷音乐带到了昆山。这种宫廷音乐和艺事活动兴盛、富有才情的昆山风土结合起来，构成了后世绵延不绝、兴盛二百年的中国昆曲艺术。

黄幡绰的墓葬是什么样子的？里面都有什么？这些问题，不知道吸引了多少人的目光。但是，历经1000多年的漫长时光，我们想得到关于黄幡绰墓葬的信息是非常困难的。

可喜的是，在昆山的地方志中，给我们留下了一则非常宝贵的讯息。清高枸《伟仙厄言》中，记载了绰墩山一起无意间的开掘墓葬事件：

康熙辛卯五十年（1711）十二月初五，有寺僧择葬，当真武庙门，筑墙障之。大石碍道，令舁人徙至他所。下有一穴，如隧道，窥之深杳莫测。土人持炬，宛转深入，正当庙址之下，有石门，门内窟室二楹，四面砖石，雕镂精工。空洞无物。后有一窦在壁间，大如斗，口泥壅不可入。或疑内即幡绰葬处也。

因为寺院里面的僧人死去，要选择一个合适的墓葬之地。选择的地址，就正对着真武庙的庙门。也正在这样的选址上意外发现，正对着真武庙的庙门，有一道墙挡着，还有一块大石头挡着道路。这样的形制，已经能确定墓主不是普通人。

古代建筑墓穴和建筑房子一样——要选好地方。不是所有人都可以选择正对着某一个庙门的墓葬之地的。这足以说明：这个墓穴非同一般，墓主人，一定是身份特殊的人。

因为当时并不知道这是谁的墓穴，僧人就把那块大石头给搬走了。大石头搬走之后，在下面发现了一个洞穴，就好像隧道一样，很幽深，看不到里面是什么。这个时候，找来了一个当地人，拿个火把，弯着腰钻进去，发现里面空间很大。一直走到真武庙的庙底下，出现一个石门。

石门里面，有两间屋子。四面都有砖石，砖石上雕镂着花纹，非常精细。可是，这两间屋子是空的。这就奇怪了，这明明是墓穴，为什么没有人在这里安息呢？

当地人再往后面走去，后面的墙壁上有一洞，大如斗，洞口被泥浆和什么东西封着，不能进去。当时人怀疑，这一座唐墓正是黄幡绰的墓葬。

这个墓室构造考究，墓制规格较大，不是一般平民百姓的墓，因为有精工雕刻的砖雕，所以有可能是黄幡绰的墓。

1982年前后，绰墩村因为办砖瓦厂取土烧砖，要把绰墩山夷为平地，绰墩山上的墓葬遭到严重破坏。一直到2000年10月，苏州考古队和当时的昆山文管所对绰墩遗址进行了抢救性发掘。

这次发掘，不仅发现了5000年前的先民祭祀台，而且发掘到唐墓两座。

其中一座唐墓很平常，所以就没有引起什么关注。但是另一座唐墓，让考古学家很快联想到了绰墩山，和绰墩山著名的人物黄幡绰。

黄幡绰是唐朝皇帝身边的红人啊！他的墓穴里，会不会有皇帝赏赐的奇珍异宝呢？或者是有价值的东西，比如皇帝用过的乐器，皇帝用过的曲谱，或者玉带、金子什么的？

当时参加考古的人当中，有一位研究昆山文史的专家程振旅老师，他也是一名昆曲爱好者。他对这一次发掘非常重视。他的目标，就是寻找到传说中的黄幡绰的墓。

因为这座绰墩山即将消失了。

就是在这最后的告别中，这座唐代墓葬引起了程振旅的关注。他实地考察，并且撰写了一篇论文，记录了当时的情形。

其中一座唐墓是唐代船型砖室墓。方向340度，残长4.76米，宽2.80米，墓地铺人字形底砖，墓壁有残砖，不见棺木。棺床上出土开元通宝3枚。墓顶已毁。

唐代很流行这种船型的墓葬形式。当时的人认为，死去的人躺在船里面，他的灵魂就能够坐着船去遨游另一个精神世界。因为唐代盛行各种宗教，这种墓葬正是宗教思想的反映。

在残存的几百块砌砖中，发现四块醒目的刻字墓砖。

上面残留着"天、调、天子问什"等字，字迹清晰，保存完好，墓虽然被破坏，但其形制正是典型的唐代墓葬的形制。

船型墓

天 墓砖　　　　　　　调 墓砖　　　　　　天子问什 墓砖

　　在昆山绰墩这个小村落里，能够和"天子"产生联系的，也只有黄幡绰这个宫廷名伶了。而且，根据地方志的记载，黄幡绰墓室里面有"四面砖石"。

　　黄幡绰的墓葬，虽然不是昆山规模形制最大、最宏伟的墓葬，但是这个墓葬拥有的丰厚的文化，却独树一帜，影响久远。

顾炎武墓

　　昆山三贤之一的顾炎武，在昆山人心中，具有非同寻常的地位。他是一种骄傲，一个地方"人杰地灵"的骄傲。

　　几乎每个中国人都知道他的名字，都知道他在国难当头，奋臂高呼之下，那句振聋发聩的名言——保国者，其君其臣肉食者谋之；保天下者，匹夫之贱与有责焉耳矣。

　　他是这样说的，也是这样做的。

　　那时候，大明王朝奄奄一息，顾炎武亲自手持大刀站立在昆山城头上，和如狼似虎的清军铁骑对峙。他的好朋友归庄、吴其沆和他一起并肩作战。

顾炎武像

　　他们都是书生，刚刚放下手里的笔墨纸砚。然而在这血腥遍布的城墙上，诗文才华和虎狼之师对峙，能有什么优势呢？只能增添几分慷慨悲壮和江山易代的惨烈罢了。

　　昆山城池只守了几天，吴其沆在激战中惨死。顾炎武和归庄隐姓埋名，一路逃亡。顾炎武这个名字，就是从这时改换的。顾炎武，原名顾绛，字忠清，昆山千灯人。在昆山城破的时候，他改换了名字，以表示不忘炎黄，然后奔走闽浙之间，积极联络海上的抗清义士。

　　顾炎武站在濒临灭亡的大明王朝身边，和来势凶猛的清军对峙。虽然他和无数像他这样的知识分子一样，只能给这个即将离去的王朝增加点悲壮和惨烈，但是他还是选择了挺身而出。

　　历史的巨大车轮从他身上碾压了过去。但因为这个车轮太大，他太渺小，所以他还能站立起来，重新呼吸。但是，谁都清楚——他事实上已经死去了。他留下来的只是肉体，他的精神，已经随着逝去的王朝殉难了。他的母亲、弟弟、亲族、好友带走了他的精神世界。如血的残阳，是他对大明王朝的最后一抹记忆。

　　明朝灭亡后，顾炎武十谒明陵，表达对故国的思念。入清以后，顾炎武不再出仕，专心从事学问著作。他行万里路，读万卷书，致力于对国家典制、郡邑掌故、天文仪象、河漕兵农及经史百家甚至音韵训古之学的研究。著有《日知录》《天下郡国利病书》《肇域志》《音学五书》《韵补正》《亭林诗文集》等。晚岁卜居华阴。

　　顾炎武于清康熙二十一年（1682）病殁于山西曲沃，由嗣子顾衍生扶柩回千灯故里，葬于嗣父顾同吉、嗣母王贞孝墓穴次位。这就是顾炎武墓，位置在今天的昆山市千灯镇南大街，亭林故居的后面，蒋泾之西南，在他的曾祖父、明兵部侍郎顾章志的坟茔东面。

　　顾炎武的墓，最早为清朝康熙年间建，周围有砖砌矮墙，向南立有贞孝坊1座，是清朝旌表他的母亲王硕人的。两旁墙中嵌有青石碑各1块。墓后有柿子树4棵。光绪二十年（1894），新阳县知县万立钧重修坟墓。

　　1914年，广东学者、孔教会主持人梁鼎芬专程来千灯，瞻仰亭林墓及其遗履、遗像，并出资委托顾炎武十二世孙顾子王等筹建亭林祠，由朱家角营造厂名匠王世昌设计建造。修建后的顾炎武祠堂面朝南，以三间连通为一大间作为祭堂，两边墙上及外面两个走廊

顾炎武墓

顾炎武墓祠堂

的墙中，共嵌砖石刻碑12块。门楼正面刻篆体"顾亭林祠"以及建造年月。

祠前有座亭子，亭中悬有"四柿亭"匾额。1956年，省政府派人修理。1963年，为纪念亭林先生逝世280周年，江苏省文物管理处又派人重修一次并补种了4棵柿子树，"文革"期间墓被毁。

现在的顾炎武墓，是1984年省文化厅拨款进行修复的，花岗石砌的坟台，上环以雕花的石栏杆，前筑台阶7级，垒筑坟包，竖立墓表。重建了祠堂3间，建筑总面积达140余平方米。中间厅堂置顾炎武先生塑像，左右厢房陈列着先生的著作、实物、生平介绍，整个墓园由150米的围墙环绕。1995年，被江苏省政府公布为第四批省级文物保护单位。

顾炎武墓后来不断受到政府的重视和修缮。顾炎武故居原来占地只有6亩，现在已经扩大至60亩，形成了顾炎武起居生活区、顾炎武祠堂、顾炎武墓和顾园几个景点，其中顾炎武墓地和顾园相连，形成墓、祠、厅一体的园林布局，为千灯诸景之首。

在顾亭林纪念馆里，还陈列了一双顾炎武穿过的鞋子，仿佛是他走遍天下的证明。顾炎武也写了很多书，这些书讲的道理，就是"明道治世""利民富民"。顾炎武学的是圣人的学问，做的是拯救民众的事。在读书人的心里，国家和民生是头号大事。也许正是这些忠君爱民的读书人，才撑起了中国人的希望。所以，当你默默游览，想起这些历史往事时，会忍不住肃然起敬。

贻安堂

昆山还有"亭林园""亭林路""亭林中学""炎武小学"等用顾炎武名号来命名的地方，表达了昆山人对顾炎武这位先贤的敬重。虽然这位先贤已经离去，但是他的灵魂和思想，永远留给了昆山人民。当你游走在这些历史旧迹的时候，那些令人振奋的名言，似乎还在昭示着顾炎武那坚贞不移、永不磨灭的志向。

归有光墓

"项脊轩，旧南阁子也。室仅方丈，可容一人居……"

这是散文名家归有光先生的名篇《项脊轩志》。先从教科书上了解到这篇深情动人的散文，然后再去寻找归有光的墓地，这种心情真的有点意料之外的激动。

归有光，字熙甫，号震川，又号项脊生。昆山人，明嘉靖十九年（1540）举人。他的仕途非常不顺，会试一共落第8次，后来，他不得不徙居嘉定安亭江上，读书谈道，学徒众多。嘉靖四十四年，归有光到了60岁，才中了一个末流的进士，不管怎么说，总算是考上了。

归有光像

归有光历任长兴知县、顺德通判、南京太仆寺丞等，参与修订《世宗实录》。他深入考察过水利，著有《震川集》《三吴水利录》等。他也是著名的散文家，著有《震川文集》，被人誉为"明文第一"，他的散文深刻地影响了清朝的桐城派，甚至影响了现代的沈从文、汪曾祺等著名作家。

当然，我们更熟悉的是那篇《项脊轩志》。

项脊轩在哪里，现在说不清楚了。据归氏后裔说，在昆山老城区的宣化坊。几百年前，归有光就在那里读书，读了很多年，也积累了很多学问，成为江南一带赫赫有名的学者。

《项脊轩志》碑

与归有光不同的是太仓城里的王世贞，他出身江东名门望族，少年得志，20岁出头就考中进士，很快就成为明代朝堂执牛耳的一代宗师。王世贞在朝堂参加了一个文学组织，后人称之为"后七子"。当时最著名的文人都在这个文学组织，像李攀龙、宗臣，都是当时的文坛名匠。他们提出的文学主张是"复古"，就是学习古人，文章一定要学秦汉，诗歌一定要学盛唐，叫作"文必秦汉，诗必盛唐"。这个主张有一定道理，但是使他们的创作走上了固化和死板的道路，这是归有光极其反对的。

归有光知道自己身份低微，就给自己起个名副其实的名字——布衣老儒。他不赞同王世贞，尤其是这种"复古"的文学，他认为是没有生命力的。他就质问王世贞："那么你说说，是剪出来的假花好看呢，还是树上长出来的鲜花好看？"

这就是一种比喻。只有来自独创的文学，来自真情的文学，才是有生命力的文学。"复古"，就是重复和模仿，是无法产生有生命力的文学的。

王世贞面对这个老家出来的倔老头，尴尬地笑笑说："先生真的以为，我们的诗文，都是剪裁的花叶吗？"

"是！"归有光理直气壮地说，"你们'后七子'的诗文，全部都是撕扯古人的，拼接古人的！还把你这个妄庸之辈当作教主。"

王世贞苦笑着说："'妄'我是有的，这个'庸'字我可担不起。"

两个人就这样吵了很多年。归有光后来也组织了一个小团体，叫"唐宋派"，和王世贞领衔的"后七子"对骂了好一阵，谁都不服谁。

其实王世贞心里蛮敬慕归有光的。归有光在昆山，称得上是一代宗师。据说归有光出生的时候，红光满院，因此取名"有光"。他9岁就能写文章，20岁通晓五经三史，当时主试江南的主考官张文毅看了归有光的文章，惊呼这是"贾谊再世，董仲舒投胎"。归有光的学问，王世贞不服气是不行的。至于文学主张，大家各有看法罢了。

归有光看说服不了王世贞，就亲自实践，写了很多散文。《项脊轩志》就是其中的一篇。这篇文章影响了很多中国人。

那项脊轩到底在哪里？

其实，项脊轩不过是归有光蜗居之所，当年他住在那里读书的时候，屋子就漏雨掉泥。然而"斯是陋室，惟吾德馨"，这个小地方后来成为世人向往的地方，文人心中的故乡。因为那里曾经居住过一位伟大的文豪。他的文章成为一种传统的风向标。

一座漏雨的破屋子，居然可爱得像一个悠远的童话。那里的兰桂竹木，依稀人影，还有斑斑点点的日影，都似乎还在身边，令人唏嘘感叹。这就是文章的魅力吧！

归有光的文章成了千古绝唱。他死的时候，王世贞提笔给他写了一篇赞（过去为故去的人写的铭文），说："归先生的散文，没有雕琢而自有风味，超然当代名家。千载有公，能够承继韩愈和欧阳修等名家。我怎么能比得上？想起来很伤痛。"

看来王世贞是从心里服气了。他给了归有光一个很高的评价。实际上，明代以后，归有光的散文被誉为明代古文第一，不是妄称。

归有光写的散文还有《寒花葬志》，纪念一个陪嫁的丫鬟。两篇文章都是一样的格调，只用寥寥数语，哀婉动情。可见归有光是一个性情中人。虽然归有光也有考察水利的成就、守城抗倭的功绩，但是也许只有文章才能够真正地代表他的性格，洞穿他的心灵。

斜阳依依的时候，可以去拜谒一下归有光的墓地。归有光的墓，就位于昆山市震川路东大桥北堍震川园内。

最早归有光的墓在昆山市金潼里，墓地方圆5亩多。这是归家的家族墓园，埋葬着他的高祖南隐公夫妇，以及曾孙归庄。原来墓门在

归有光墓

东，清乾隆六年（1741），县令丁元正封筑后，将墓门移至墓冢之前。1934年重加修葺，将墓门改建，篆额为"归震川先生墓"，墓穴用水泥浇成圆顶，并立"明太仆寺丞归震川先生墓碑"；墓左建御倭亭，纪念归有光在嘉靖年间入城御倭的功绩。1930年重建牌坊式大门、抗倭亭等。"文革"时期墓被毁。

1989年，昆山重建震川园和震川墓。新建的墓地，占地约2470平方米，立有墓碑，上书"明南京太仆寺丞归有光先生之墓"，建有亭堂，塑有雕像、长廊，为花园式墓园。1991年，被公布为昆山市文物保护单位。

卫泾墓

昆山县志上有一段比较有趣的星象记载："宋孝宗时，魁星见于玉峰山翠微阁之东，妙峰塔之西。"魁星，就是管派文曲星、武曲星的星神。发现魁星对于昆山来讲，是非常重大的喜讯，预示着昆山将要诞生一个大魁天下的状元。

卫泾像

其实这是封建迷信的说法，不过也许是一种巧合，这一年的昆山东南方向，石浦镇有个读书人卫泾，赴临安（当时的南宋都城）参加科举考试，三场连捷，考中了孝宗淳熙十一年（1184）甲辰科状元，这是昆山历史上第一位状元。

卫泾，字清叔，号拙斋居士，昆山石浦人。他少有大志，力学不辍。考中进士后，授承事郎，添差镇东军签判。按惯例，考中进士初任官职，必去拜谢当朝宰相。卫泾却没有去拜见当时的宰相王淮，于是一直不得升迁。后来遇到朱熹，才得到推荐。

卫泾生活的南宋时代，屡受辽金

侵扰,国势日衰;朝堂上辅臣倾轧,争权夺利。宰相韩侂胄出师北伐失利,导致南宋赔款,百姓赋税增加,流离失所,苦不堪言。卫泾认为南宋目前兵力、财力、物力不足,不宜兴师北伐。"忠言不用愿辞官",于是上疏乞归。庆元初,卫泾被召为尚书右选郎官,以起居舍人官职代理工部尚书。不久,出使金国,回来后,奏言金国虽有危亡之兆,而我无自治之策,当发愤自强。授直焕章阁,沿海置制使,后因被人弹劾再度罢官。

卫泾这一次回乡后,辟修西花园,取范仲淹"先天下之忧而忧,后天下之乐而乐"句意,命其堂为"后乐",自号后乐居士,集所作诗文为《后乐集》。开禧元年(1205),得旨入朝,后授中书舍人兼职学士院。封昆山开国伯,进参知政事。后以资政殿学士致仕。宝庆二年(1226),病逝于家,葬于湖州归安县石佛山。追赠太师,封秦国公,谥文节。卫泾为人刚直无私,秉忠直言。清代学者沈德潜称誉"其人之挺然独立,百折不回,泾有如金石之坚贞者,而《宋史》不为立传,可怪也"。

卫泾墓位于昆山市石浦街道西六鳌山,这里是卫泾的衣冠冢。卫泾是昆山历史上第一位状元,在几千年崇文的昆山,第一位状元的出现,代表着这个地方的文脉兴盛,学风浓郁,文化发达。

昆山玉峰山上的文笔峰,就是为了纪念他而命名的。为了纪念卫泾,石浦的陆鳌山被改名为"状元山";卫泾求学的塾馆,改称"文节书院"。邑人为纪念卫泾,在他隐居读书处建立了衣冠冢。衣冠冢原面积约4000平方米,中间土筑高阜即六鳌山,有湖石花园及石像生等,今均不存。现存封土高约4米,底径约10米。2004年被公布为昆山市文物保护单位。

卫泾的《后乐集》已经遗失。至正《昆山郡志》、明正德《姑苏志》为他作传。他有很多描写昆山美景的诗作。如《游淀湖》,赞美了淀山湖美丽的山光水色:"疏星残月尚朦胧,闲趁烟波一棹风。始

卫泾墓

觉舟移杨柳岸，直疑身到水晶宫。鸟鸦天际墨千点，白鹭滩头玉一丛。欸乃一声回首处，西山横在有无中。"也有一些抒怀的诗作，表达耿直不屈的节操。如："人言俗难医，我见清可濯。安得直上挽天河，一洗俗尘千万斛。"

刘过墓

　　刘过是南宋著名诗人，字改之，号龙洲道人。吉州太和（今江西泰和县）人，长于庐陵（今江西吉安）。刘过生活的时代，正是南宋末年。他仕途不顺，4次应举不中，流落江湖间，布衣终身。他喜欢谈论古今的治乱盛衰之变。曾多次上书朝廷，"屡陈恢复大计，谓中原可一战而取"。在光宗朝，也曾上书朝廷提出恢复中原的方略，可惜未曾得到采用，从此流落江湖间。他的好友昆山知县潘友文将他留下，后娶昆山女子定居于此，最后死于昆山。

　　刘过因为主张北伐，所以和"主战派"诗人陆游、辛弃疾结交，也和陈亮、岳珂友善。他的词风与辛弃疾相近，多抒发抗金抱负，气势豪迈，慷慨激昂，与刘克庄、刘辰翁享有"辛派三刘"之誉，属于豪放派诗人。有《龙洲集》《龙洲词》《龙洲道人诗集》。

　　刘过有诗才。《山房随笔》记：辛弃疾在浙东为官时，刘过去拜访他。辛弃疾正在煮羊腰肾羹，让他赋诗，刘过

刘过像

刘过墓

因为寒冷,讨酒喝,酒流在身上,就以"流"字为韵。即吟云:"拔毫已付管城子,烂首曾封关内侯。死后不知身外物,也随樽酒伴风流。"辛弃疾大喜,和他共饮,并且馈赠许多礼物。

辛弃疾守京口时,天下大雪,辛弃疾让友人们赋雪,以"难"字为韵。刘过吟咏道:"功名有分平吴易,贫贱无交访戴难。"辛弃疾很欣赏,和他结成莫逆之交。

又有友人名南轩,父亲为朝廷武将,死后挽联没有一篇可用,请刘过来赋诗。刘过赋诗云:"背水未成韩信阵,明星已陨武侯军。平生一点不平气,化作祝融峰上云。"南轩听闻为之落泪。

韩侂胄准备北伐的时候,很看重刘过,想要重用他。但是朝政出现变动,韩侂胄被杀。刘过因此郁郁不得志,死于昆山。

刘过墓位于昆山市亭林园马鞍山东麓。

刘过去世后6年,即宋嘉定五年(1212),昆山县主簿赵希懋用县令潘友文所给钱30万,购马鞍山东麓墓地而葬,并立祠于东斋。东斋原为南朝梁慧聚教寺僧舍,葬后,刘过墓屡遭寺庙僧侣挖掘,元至正十三年(1353),州人顾瑛等将刘过墓被毁之事上报州府,经州府干预,查明原墓图籍与墓址,在上建"宋龙洲先生之墓碑"。

6年后,寺僧有在墓址上建小塔,时昆山州知州费复初知情后,令寺僧迁先生骨骸复建墓。明弘治三年(1490),昆山知县杨子器重加封表。崇祯十四年(1641),顾锡畴撰《刘龙洲先生遗像并记》,

陈继儒撰《刘氏家传》。1933年，在原址重建，有中厅、两厢及走廊，祠后一片竹林，祠中尚存石碑。1957年，被公布为江苏省文物保护单位。1966年，封土被铲平。1983年，

刘过祠

按原墓基修复花岗石八角形墓冢，高2米，周长11.5米，顶部封土，立"宋庐陵处士龙洲刘先生之墓"碑，前筑台阶，后依山。

刘过墓具有重要的文化价值。1991年，被公布为昆山市文物保护单位。

康熙《昆山县志稿》记载，自元以来，有20多位诗人为刘过赋诗赞颂。明代著名诗人张銮在诗中曰："乾坤同涕泪，聊寄白云生。世事消黄土，风流傍古人。野声双涧雨，远火死山磷。寂寞残碑下，开花细草卷。"岁月千载，诗魂永存。

陈妃水冢

陈妃水冢

陈妃水冢，位于昆山锦溪的五保湖中，风光旖旎可爱。正北面遥望着莲池禅院，只隔着一条河；正西面百米之处，就是锦溪著名的古桥十眼桥。说它寂寞，它在风景区里总是那么瞩目；说它热闹，它又独守一隅，如同生在秋江上的芙蓉，可以远观，却无法接近。

据说，陈妃水冢里埋葬着宋孝宗的一个陈姓妃子。宋孝宗在位期间，金兵入侵，孝宗携带内眷从临安南迁，曾经在这里休息。陈妃因为沿途劳累过度，不幸染病，只能暂居锦溪畔，后来病重不起，死于此处。于是只能就地掩埋，立水冢，葬在五保湖中。

为了纪念这位妃子，宋孝宗特地下旨在五保湖畔建了禅院，设寺僧诵经，为之超度。那就是陈妃水冢旁边的莲池禅院了。宋孝宗命僧人守立，清光绪《昆新两县续补合志》记有此事。相传现在禅院内能看到的一棵龙柏和一棵古松，均是宋孝宗亲手种下的。人们在兴建禅院的同时，还在其东侧修筑了莲池，种上了白莲，以寄托对陈妃的哀思。

陈妃水冢原来是土筑墓，1992年改为花岗石围砌，顶部封土。现在的水冢东西长11米，南北宽20.5米，占地225.5平方米，封土高1.3米，水下0.4米。陈妃水冢是具有江南地区特色的墓葬形式，具有一定的历史研究价值，也保留了锦溪的历史传说。1991年，被公布为昆山市文物保护单位。

冢魂牌坊

当地人对陈妃和这个水冢是非常敬畏的，因为无论水涨水落，那个独圩墩始终高出水面一定的距离，从没被大水淹没过，这么多年一直如此。于是民间就有了许多传说，有的说水冢的底部蹲着一只神龟，有的说湖底有一个通向东海的大洞……当然这些说法没有科学性，但一定程度上，"称"出了陈妃水冢在古镇人心中的分量。

陈妃水冢的传说为这片美丽的山光水色带来了很多神秘色彩。有很多文人来到这里写诗抒情，如文徵明、高启、沈周等等。其中文徵明的诗写道：

谁见金凫水底坟，空怀香玉闭佳人。君王情爱随流水，赢得寒溪尚姓陈。

在这些文人墨客的心里，陈妃水冢不再是一个简简单单的墓葬。它演变成为一种文化，寄托人们对于陈妃遭遇的一种同情。一个美丽、高贵的女子，追随丈夫逃难，最后客死他乡，埋身在水冢，从此以后再也不能和夫君相聚。

这种悲哀和无奈，也是一种人生的遗憾和悲凉。我们可以看到，陈妃水冢静卧在镇南五保湖中，四周长满芦草。在水何澹澹中，陈妃水冢摇曳着绿色的踪影，如同绰约的凌波仙子。春天的时候，这里桃花满枝，景色宜人，被称为锦溪古镇八大景之一。

中国人的心里，一般会忌讳、回避墓葬。但是陈妃水冢，的的确确成为一道很美丽的人文风景。

其实，很多中国传统的墓葬，都是闻名遐迩的风景名胜，比如杭州西湖边上的苏小小墓、岳飞墓，还有著名的青冢——王昭君墓等等，它们往往代表一种文化。

周伦墓

     周都坟，是位于昆山陆家镇车塘村的一处周氏家族墓葬群。当地百姓描绘起来绘声绘色，都说周都坟是三国都督周瑜的坟地，建造之时的规格很高，陵墓差不多有小半个马鞍山那么高，墓前有神道、石人、石马、石羊等，周边的祭田达到数十亩。陆家镇本地人世代相传，周都坟是皇帝亲自赏赐祭品建造的，随葬品很多。最珍贵的，是闪闪发光的金冠，当地人称"金头"。

     查询周瑜的资料，似乎和昆山陆家没有关系。那么这个"周都坟"到底是谁的墓葬？他和昆山有没有关系呢？

     昆山陆家镇（古称"菉葭""菉溪"）的清《菉溪志》上有如下一段记载：

     周都坟葬周康僖公伦于此，其地与能仁寺、崇恩观相近。《邑志》：在新阳江之东，即吴淞江之西也。康僖公以弘治己未进士，扬历中外，官至南京刑部尚书。嘉靖间年八十卒，赠太子少保，赐谥、赐祭、赐葬，许瓒为之铭。《震川集》有《贞庵诗集序》。我乡名墓多乏主，

周伦像

而周都坟独乔木依然，祭田如故，非以贤子孙多乎！

这段史料介绍，周都坟安葬的是明代康僖公，名叫周伦，字伯明，号贞庵，昆山人。

周伦于弘治十二年（1499）考中进士，授河南新安县知县。周伦到任后，治理徭役，减免蚕桑赋税，百姓得到了很大的便利。当年正遇到大旱，蝗灾很严重，周伦连续三天光着脚祷告上天求雨，后终于下了大雨，消灭了蝗灾。第二年又发大水，周伦上报朝廷请求赈灾，同时又效法古人，减价出售粮食，来救济受灾的饥民。防洪大堤崩溃，他发放粟米募集民工筑堤，大堤建成，百姓也有粮可食。

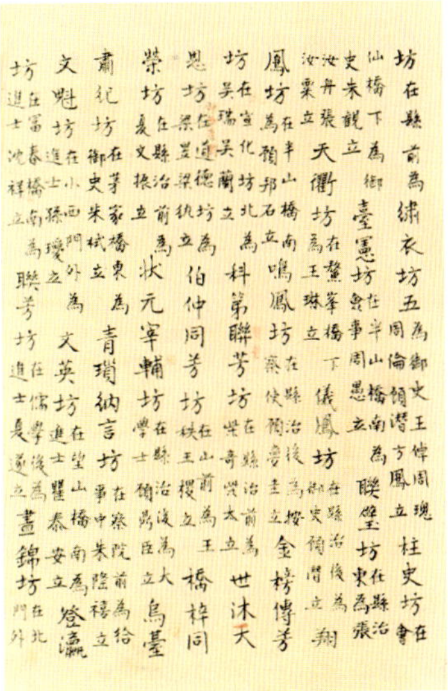

朝廷对周伦的政绩考核评价很高，越级提拔他为监察御史，负责巡视居庸关和龙泉关等地。他向朝廷提出了六点建议：清储蓄、足军饷、谨要冲、慎用人、守漕河、安人心。这些建议非常切合当时的情况，被送往兵部，商讨实行。

正德元年（1506），钦差太监李兴擅自砍伐山林，周伦不惧权

經元坊 方鵬　宮庶坊 方鵬
會元坊 陸釴　京兆坊 高敞
歸榮坊 虞臣　繡衣坊 周璟 周倫 顧潛 方鳳
柱史坊 朱觀　臺憲坊 周恩
聯璧坊 張汝舟 張汝粟　天衢坊 黃琳
儀鳳坊 顧潛　翔鳳坊 顧邦石
鳴鳳坊 顧夢圭　金榜傳芳坊 吳瑞 吳蘭
科第聯芳坊 柴奇 柴太　世沐天恩坊 梁昱 梁紈

坊在縣前為繡衣坊為御史王倬周璁周倫顧潛方鳳立柱史坊在會
仙橋下為御史朱觀立臺憲坊在半山橋南為僉事周恩立聯璧坊在縣治東為張
汝舟張汝粟立天衢坊在螢峯橋下為王琳立儀鳳坊在縣治後為御史顧潛立翔
鳳坊在半山橋南為顧邦石立鳴鳳坊在縣治後為顧夢圭立按金榜傳芳
坊在宣化坊北為吳瑞吳蘭立科第聯芳坊在縣治前為柴奇柴太立世沐天
恩坊在道德坊為梁昱梁紈立伯仲同芳坊在山前為王俠王櫻立橋梓同
榮坊在縣治前為袁文振立狀元宰輔坊在縣治後為學士顧鼎臣立大烏臺
肅紀坊在茅家橋東為御史朱栻立青瑣納言坊在察院前為給事中朱隆禧立
文魁坊在小西門外為進士孫瓊立文英坊在望山橋南為進士瞿泰安立登瀛
坊在富春橋南為進士沈祥立聯芳坊在儒學後為進士姜遂立晝錦坊在北門外

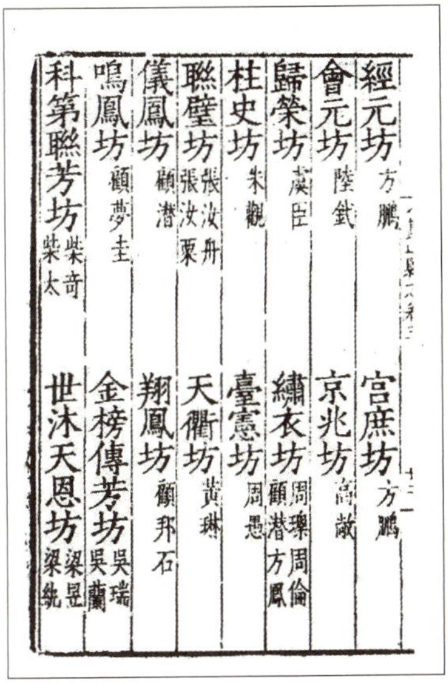

嘉靖《昆山县志》关于周伦的记载

宦，向朝廷举报此事，皇帝表彰了他的正直。父亲生病逝世，周伦请假回家奔丧。当时正值大太监刘瑾当道，刘瑾罗织了他服丧后在家养病违反规定超期的罪名，逼他辞官，又罗织了他曾经推荐都御史雍泰和私下议论西库花米积弊的罪名，罚米三百石，清光了他的家产。

等到刘瑾被诛杀后，周伦复出担任御史。他向朝廷上疏推荐谢迁、刘大夏、许瓒等以前因为得罪刘瑾而被罢黜的贤宦，建议重新启用，同时弹劾大学士焦方、总兵张洪等人，皇帝都听从了他的建议。正德八年（1513），周伦任山西巡按，上报朝廷兴建了太原南关新城和武宁关土堡、垛口、壕堑，成为当地百姓长久依赖的保卫屏障。

后来，周伦升任南京大理寺右丞，不久又升任大理寺少卿。嘉靖元年（1522）任都察院佥都御史，提督操江，提拔为工部、兵部侍郎，后又升任南京刑部尚书。

嘉靖十二年（1533），周伦谢绝政事，辞官回乡。回乡后，他与乡里的故旧好友一起，推崇简朴纯真的民俗，大兴礼义之风。同时，周伦还熟通医理，著有《医略》4卷。每每遇到疾病瘟疫，他行医救活了很多病人。

周伦对家乡的贡献是上书建议修筑昆山城。昆山地处沿海，没有城池的护卫，倭寇很容易入侵。周伦具有远见卓识，所以最早上书请求修建昆山城。但是因为种种原因，周伦的上书并没有得到批准。周伦之后，同乡顾鼎臣再次上书请建昆山城，顾鼎臣为宰相，皇帝体恤他造福桑梓的心情，最后允准。

顾鼎臣死后十几年，即明代嘉靖三十三年（1554）四月初七至五月二十五，昆山县城被倭寇围攻。官民誓死守城，五百多人死于非命，两万多间房屋焚毁，付出了巨大代价。而周边的常熟、嘉定等地因没有筑城，则无不受到倭寇的蹂躏。方圆三百五十里范围，百分之八九十的房屋被毁，百分之五六十的百姓死亡或失踪，百分之三四十的坟墓被挖掘。昆山依赖城墙保住了全城百姓。这是顾鼎臣之功，也有周伦的先见之明。

在周伦的故乡，还流传着"周伦送碑"的民间传说。昆山县令杨廷桢贪赃枉法，利用做寿的时机大肆敛财。周伦夫人刚刚病故回乡安葬，周伦假扮农民，给县令送上"天高三尺"的墓碑，说："县令刮地皮有三尺，所以天高三尺。"县令准备捉拿周伦，周伦亮出身份，查明县令罪行，将其法办。虽不知故事的来由，但口耳相传到现在。当地人并不清楚周伦的官位，只知道是官职很大的，随口称呼其为"周都督"，所以有周都坟之说。

周伦为人坦荡端正，操守耿介，外宽内严，不以一时的得失为念。他所作的诗词清健有力，书法很好，行草有晋人之风，著作有《贞翁净稿》20卷、《奏议》12卷、《西台纪闻》2卷。苏州沧浪亭五百名贤中有周伦，还有16字的评语："中官不私，君嘉其直。飞蝗不灾，民戴其德。"

周伦80岁时去世。嘉靖皇帝赐葬祭，赠太子少保衔，谥号康僖。当时的名臣许赞为之铭。归有光的《震川集》有《贞庵诗集序》，描述周都坟，在很长的时间里"乔木依然，祭田如故"，称赞周伦"贤子孙多"。

周伦有四个儿子：长子周凤鸣，字于岐，大理寺丞；次子周凤仪，字于乾，太学生；三子周凤起，太仆丞；四子周凤来，字于舜，太学生。其后代仕宦不绝。称得上是"贤子孙多"。

查询周都坟的相关资料，发现早在1968年，周都坟被村民开掘过。可能是从事生产劳动的时候，无意中发现了周伦的墓葬。《陆家乡镇志》记载：

> 周都坟在1968年由当地村民挖掘，外墓由三和土（明矾、石灰、糯米）浇制，上盖石板，中棺用上好木材，较厚实，内棺盖上丹书"左大臣周公"五字（左大臣，官名，是太政官的长官，总裁太政官所有政务、宫

周于舜墓志铭

中的典礼等，是朝廷事实上的最高责任者），棺内用水银、灯草、贝壳
作防腐，挖掘时衣服、尸体均完好，后随地深埋。

可惜当时没有文保意识，只有短短这几句记录。里面到底有什
么陪葬品、又到哪里去了，都没有记录。

周都坟的第二次发掘，是在修筑沪宁高速昆山段的时候。因为
取土的需要，人们把看上去是一片高墟的周都坟的土取走修高速
路。出于保护文物的考虑，当时的昆山文管所和南京博物院的同志
一起到现场发掘，发掘时间是1994年10月至11月。

现场亲历者、当时文管所的工作人员于华介绍说：当时发掘，
出土的尸身中度腐烂，保存还算良好，是百姓服饰，并非官服。考
古人员剥去了尸身的外衣——明代服饰。内衣与肉身腐烂黏结没有
取。同时出土的还有两把折扇、一个木盒子。最后交由南京博物院
保留。

另一个发掘现场的亲历者,他将当时情形讲述得非常详细:

记得那一年修建沪宁高速公路,路基犹如一柄锋利的利剑,所向披靡。剑首东指,接近沪苏交界处,恰逢一片低洼地,急需填土。于是人们看中了周都坟……

好不容易将浮土铲平,又出动了大抓斗和钢钎铁锤,艰难地打开用花岗岩封砌的墓盖。厚重的花岗岩之间用糯米、明矾、石灰浆黏合,胜过了今天的钢筋水泥。打开棺盖,发现这位300多岁的周公子早已腐烂。没有腐烂的是垫放在尸骨四周的灯草,尽管轻得毫无分量。

唯一的收获,是一只潮湿的小木盒和两把藏在衣袖里的折扇。折扇被墓坑内的积水浸湿了,牢牢地黏合在一起。还有几枚散落的钱币,看来只是为了压邪。

全部的希望都寄托在小木盒里了。小心翼翼地抽去木纹粗糙的盖子,里面是五个泥人。泥人是手捏的,没有烧制,也不太合比例。这五个泥人,看来象征了"五子登科"。

这次发掘的结果非常奇怪,明明是高规格的墓葬,是皇帝亲自赐封的,为什么会没有官服,反而出现平民的服饰?

1995年,在那个发掘的墓葬西侧,出土了一方墓志铭。这方墓志铭的写作者俞允文,是明代昆山著名的文学家,和当时的文豪王世贞、文徵明都有来往。他在墓志铭里写了这个墓主人的身份。墓主不是什么传说中的都督,只是周家的小儿子,名叫周于舜。年仅二十几岁就病故了。这位周公子秉性孤僻,不思仕途,却"悉出其藏千金,购天下奇书图画及古彝尊、璜玦

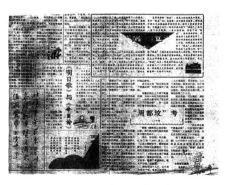

20世纪90年代《昆山报》发表的
开掘周都坟的文章

古墓葬 昔人已乘黄鹤去,仙鹤魂归依旧照故土

之属",是一个古玩爱好者。

这个墓志铭出土于西侧的墓葬。这个墓葬群都是周家的。根据出土资料,考古人员断定说:上次发掘的墓葬,是周伦第二个儿子,名叫周于乾的墓葬。

真正的周都坟,1968年发掘的才是。而传说中的随葬品,早已不知所终。按照周代后人的指引,到陆家车塘村探访,当地村民尽知周都坟之名。问其所在,手指一片厂房。当年昆山规制最高的墓葬之一,已经泯然成为现代厂房了。

虽然周伦墓没有得到保存,但是根据记载和周伦后人的阐述,周伦的坟墓建制,是昆山规格最高的坟墓建制之一。周伦是一位造福昆山桑梓的先贤,他对家乡的贡献,将被后世子孙永远铭记。

沈万三墓

沈万三墓

位于周庄银子浜的沈万三墓，也是昆山一个著名的水冢。

沈万三是明朝初年著名的富豪，他经过海外贸易赚到了巨额财富。他的人生也因为拥有这笔财富而大起大落。

最著名的就是修城墙这件事。明初，朱元璋定都南京，要修一座高大坚固的南京城墙。沈万三为了讨好朱元璋，自愿捐出钱来帮助修城墙。他一个人承担了三分之一费用，而且把城墙修得又高大又结实。因为这个，他得到一时的荣光，朱元璋封了他两个儿子做官。

倒霉的是什么？沈万三毕竟是一个商人，并不懂政治。修筑城墙这件事，虽然功劳很大，但是也有些让皇帝没面子。沈万三脑子一昏，还要犒劳军队。这就没有分寸了。所以朱元璋大怒，把他贬到云南去了。沈万三到云南之后，也为当地做了很多贡献。在云南的史志传说中，还有沈万三造福云南的故事。在云南大理，有座轿顶山，传说沈万三死后葬于此地。

沈万三并不是云南人，他不可能真的葬在万里之外的云南，他一定会交代子孙把他的尸骨带回来。所以他真正的墓地，并不在云南。轿顶山终归是一个衣冠冢，昆山周庄的银子浜，才是他安息的地方。

沈万三一生起起伏伏，也去过很多地方，但是他的根在周庄。他始终离不开周庄，也离不开周庄的银子浜。

沈万三在致富后，把苏州作为重要的经商地，他曾支持过平江（苏州）张士诚的大周政权，因资助了张士诚，朱元璋围攻苏州时损失巨大，张士诚坚守城池达8个月之久。张士诚也曾为沈万三树碑立传。

因为这样，沈万三得罪了朱元璋。为了减轻自己的罪名，他主动捐钱修筑城墙。

不管是帮助苏州的政权，还是南京的政权，作为一个商人，地位卑贱，财富却如此众多，在那个时代，他如同有了怀璧之罪，惴惴不安。他虽然先后受到张士诚、朱元璋的封赏，但是他自己也知道，这种富贵最终是很难保住的。

有人说沈万三始终都不愿离开一块宝地，那宝地就是周庄。

《周庄镇志》说："万三住宅在蒋西北半里许，即东庄地及银子浜、仓库、园亭与住宅互相联络。"明杨循吉《苏谈》说："万三家在周庄，破屋犹存。"

沈万三死后，他的墓地选在了周庄，就是银子浜这个地方，是一个水下的水冢。至于为什么要建造一个水冢，也有多种说法：一是，沈万三当年觉得自己很冤枉，无颜面对父老，就表示死后葬在水里，与世隔绝，并暗示世人自己的灵魂像水一样清白。

二是，作为一代首富，他将防盗放在第一位。首富的墓葬，不知多少人会觊觎，放在外面，总归是不安全的。古代没有合适的水下设备，盗墓就成了一个难题。可以说，水下墓葬是最好的防盗措施。

　　至于民间传说就更多了。相传，沈万三葬在银子浜，是要守住一个天机或者秘密。周庄一直有一个传说，就是沈万三得到了一个聚宝盆。相传有一天晚上沈万三在睡觉时，做梦梦见有100多位身穿青衣的人向他求救，早上醒来，他在集市上发现有个屠户囤了100多只青蛙，正准备宰杀，沈万三想起了昨天夜里的梦境，所以就动了恻隐之心，在那人手里买下了那些待宰杀的青蛙，把它们放生在他家邻近的小池塘里。

　　到了夜里，这群青蛙围在一起乱叫，叫声很大，吵得他睡不着，所以他便出门检查，发现这群青蛙正围着一个铁盆子。出于好奇，沈万三就将这个盆子拿回家了。这就是聚宝盆。后来那个聚宝盆到哪儿去了谁也不知道。有人说，就在银子浜里。沈万三之所以能够拥有那么多的财富，就和这个聚宝盆有关系。所以，沈万三不仅自己留在银子浜，死后葬在银子浜，就连他自己的子孙都要留在这块富裕之地，使沈家能够久盛不衰。

　　这虽然是一则神奇的传说，不足以信，但是也给银子浜这个地方带来了许多神秘色彩。随着周庄旅游业的发展，银子浜也成为人们热衷于游赏的地方。

　　生前是一个传奇，死后又是一个传奇。沈万三的一生，终究都是一个传奇。中国古代的营商环境并不好，商人是没有地位，也得不到尊重的。随着元代海外贸易的发展，加上元代空前辽阔的地域和特殊的"不重诗文"的文化氛围，商业特别发达，南北地方都涌现出了很多富商。沈万三，是江南地区名声最大的富商之一。他身上的传奇色彩和他的身世一样埋在银子浜里，给这个神奇的水下墓葬带来了神奇的魅力和无穷的吸引力。

古建筑风情

老宅老院老厅堂传递的昆山工艺

玉燕堂

玉燕堂，俗名"张厅"，位于昆山市周庄镇北市街双桥之南，坐东朝西。

《周庄镇志》记载：张厅为明代正统年间，中山王徐达之弟徐孟清后裔所建，时名

玉燕堂

"怡顺堂"。清初，徐姓衰落，为张姓所买，改称"玉燕堂"。

玉燕堂是明代建筑的珍品，代表了明代宅院建筑的风貌特征，保存也相对完好，所以一直受到当地政府和文管部门的高度重视，多次进行修缮。因为年代久远，一些建筑已经面临倒塌和损坏。1982年后，原昆山市文管会办公室、周庄镇政府多次请全国的古建专家罗哲文、陈从周、阮仪三等对玉燕堂进行规划、设计。

1990年，文物部门向省、市文物行政部门申请经费，着手对濒临倒塌的部位进行整修；1991年开始，陆续修复主厅屋架建构；1992年，修复了轿厅、大厅两进的屋面及两侧厢房楼，铺设了方砖等，并开始对外开放；1994年，再度修葺了后河屋、水道阁等，接着又迁移了堂内居住的十几户居民；到1998年，初步整修全部完成；2002年，又对

玉燕堂航拍全景

地坪进行整修；2004年，对后花园进行改造。

　　从开始筹划设计，到一步步完成修缮，这个明代的古老宅院历经20年时间，重新恢复了当初的生机。我们不得不对那些有着文保眼光、致力于古建筑修缮的专家表示崇高的敬意。正是他们的努力和坚持不懈，我们才拥有了这样的机会，能够一睹玉燕堂这个明代古建筑的完整风貌。

　　玉燕堂沿河临街，占地面积1400平方米，建筑面积1884平方米，共有房屋60余间。其前后共有六进，由轿厅、前厅、主厅、堂楼、后河屋、水道阁等组成，以奇妙幽雅的建筑魅力引人注目。

　　跨入玉燕堂，第一进就是门厅，穿过第二进轿厅，可以看到一个长方形的天井。天井是江南建筑的必备，是用来透光的。这个天井很宽敞，两侧是低矮的厢房，楼前设有雕琢精巧的花格栅栏，楼下有落地蠡壳长窗，楼上则设蠡壳短窗，上下对应，长短得体，匀称中显出规整，长短中显出灵巧的比例，不仅显得宽敞明亮，端庄大方，也美观大气，古雅可爱。厅内有4根粗大的庭柱，柱下是罕见的木鼓墩，至今坚实如初。

抬梁斗拱上雕刻着花卉图案，十分考究，做工精细，姿态各异，有的如同凤冠珠光耀目，有的如同彩蝶翩翩欲飞，真是千姿百态，栩栩如生。可以想见当初

玉燕堂第四进楠木柱础

修筑房屋的时候，聘请了多少能工巧匠，他们用精巧出众的手艺，将建筑工艺和灵巧慧思打造在这里的栋梁、横木、门楣之上。

正厅的南侧，设有一条狭长幽暗的备弄，足有20米长。备弄的左侧连通着每一进的堂楼，右侧可以进入花厅。东墙边上，还保存着被烟火熏黑的壁龛。处处都显得得体精致，方便人进出来去，可知在建筑设计的时候非常用心。可以想象在里面生活的人，言笑晏晏，欢声笑语，度过的每一个风调雨顺、国泰民安的幸福日子。

走出弄底，眼前一亮。出乎意料，这里有一条细长的小河。这真是一种意外的惊喜！小河有一个优雅的名字叫"箬泾"，周围有驳岸围拥，有绿树掩映。就是这一条箬泾，竟然是从屋子里穿屋而过的。

河流从屋子里穿过？这的确是一种难得见到的建筑风格。可是，对于房屋后面是河流和小船，房屋前面是临水小桥的周庄人来说，其实这并不值得惊讶。箬泾的中段，有一个丈余见方的水池，这里是供小船停靠、交会、调头的地方。小河过屋之处，非常适宜，建有过河廊棚，廊棚两侧设有吴王靠的木倚栏杆。这种设计当然也是别具匠心的。因为要出行，从这里出发是最便捷的，还可以适当地休息，在此搬运东西，装船、卸船，也都是经常性的活动。遇上雨天，廊棚上面叮叮咚咚飞着雨花，廊棚下面叮叮咚咚做着活，风雨

玉燕堂第四进正厅山雾云　　　　　　玉燕堂备弄

无阻正常的生产生活，和大自然能够完美对接，那真的是非常美妙的感觉。

在小河的栏杆旁，有一排敞窗，窗下是平整的石驳岸。石驳岸是江南特有的风景，驳岸间的缆石也一样。江南的精致，是存在于方方面面的各个细节处的。缆石就是其中之一。这些缆石有如意形的，有虎头形的，拴着几条柳叶似的小船。这真的很像是诗里的风景，是"门泊东吴万里船"，还是"劝郎移向侬家去，杨柳青青堪系舟"？

"轿从前门进，船自家中过"，这样的奇妙景象，也只有在玉燕堂可以看到吧。

目前，我国的明代民居建筑已所剩无几。玉燕堂是保存很完整的明代民居，规模较大，建制精美。很大程度上，玉燕堂代表了江南水乡富贵人家宅院的建筑结构特征和明代建筑的风情风貌，是昆山古建筑文物中的代表性珍品。这个建筑一直被古建专家、考古学家看重。1995年，被江苏省人民政府公布为第四批省级文物保护单位。

敬业堂

敬业堂航拍全景

敬业堂位于昆山市周庄镇南市街,坐东朝南。这也是周庄具有代表性的一个古建筑,是沈万三后人沈本仁于清乾隆七年(1742)建成的。俗名"沈厅",清末改名为"松茂堂"。

清《周庄镇志》记载:"沈本仁早岁喜欢斜游,所交者皆匪类,及父殁者,有言'不出三年,必倾家者'。本仁闻之,乃置酒,召诸匪类饮,各赠以钱,而告之曰:'我今当为支持门户计,不能与诸君游也!'"于是,沈本仁闭门谢客,经营家业,拓建大宅,置广厦百余间,成为一镇巨室,并取名"敬业堂",以示敬业之意。

敬业堂临街傍水,从水墙门到后厅室,一共有七进,五个门楼,均匀分布在中轴线两端,占地面积2900多平方米。相比玉燕堂的六进规格和1400平方米的面积，敬业堂的规模，称得上是周庄最大的一幢古建筑宅院了。

敬业堂由三部分组成：前部是水墙门、河埠，供停靠船只、洗涤之用；中部是墙门楼、茶厅、正厅，为接送宾客、办理婚丧大事及议事之处；后部是大堂楼、小堂楼、后厅，为生活起居之处。前后共有大小房屋100多间，是典型的"前厅后堂"的建筑格局。

敬业堂的结构和玉燕堂也完全不同。这样的"三部分"结构，功能分布很清晰。前面部分主要方便出行、运输、搬运、洗涤之类的活动。中间部分处理家族的正经大事。后面部分为内室。

敬业堂的前后楼屋之间，均有过街楼和过道阁相连，形成一个大的走马楼。这样的建制不仅独特，而且很有气势。雕梁画栋上面，时时有精工的花鸟和金色的游龙，华美富贵。

敬业堂三进前廊

敬业堂三进内四界

敬业堂第四进正厅全景

敬业堂第四进正厅松茂堂

进入第四进，就是正厅松茂堂。这个正厅占地面积170平方米，面阔11米，进深11米。前后都有廊，厅的两边是次间屋，楼与前后厢房相接。屋面为硬山式顶，厅内梁柱上刻有龙凤花卉浮雕，图案形象生动。正厅上，高悬清末状元张謇书写的"松茂堂"匾额。

敬业堂第四进门楼

全厅都用青色方砖铺地，规整方正，给人庄重坚实的感觉。正厅后面两侧的天井内，种植有植物，翠竹姗姗，芭蕉摇曳，清幽雅致，和花窗相互交映。

厅前的门楼宏伟壮观，高达6.5米，上面飞檐翼角，展翅欲飞，高耸向天；下面砖砌斗拱，青瓦拱戴。两侧有座花莲，下面是5层砖雕，层叠向上，装饰每层都不同，或者雕花，或者嵌字，或者单纯用纹饰，设计考究，布置精美，代表着当时的建筑理念和建筑时尚。

门楼的正中，有一个匾额，刻有"积厚流光"四个大字。四周额框，镂有精细的"红梅迎春"的浮雕。这样的装饰，构思精巧，又有文化寓意，足与苏州网师园的砖雕门楼媲美。大堂楼的造型古朴浑厚，上下层梁柱上，都镂刻有各式各样的代表吉祥如意的图案。地板大多是60厘米左右宽的单幅松板，坚固结实。大堂楼之后是小堂楼，以天井分隔，次间相连。通过走马楼，绕七进敬业堂一圈，整体呈现椭圆形，楼面窄窄宽宽，曲径通幽，这种建筑，在水乡也是独具风味的。

1995年，玉燕堂被江苏省人民政府公布为第四批省级文物保护单位。

章宅

章宅门楼

章宅厢楼

章宅又名"章厅"，位于昆山市周庄镇中市街44号，坐北朝南。

明末清初，章永廉在此开设米行，并赈济灾民。这是一位贤明乡绅，将米行里面白花花的救命大米分发给饥饿灾民。扶危济困是中华民族骨子里传承的意识，它就发生在这个章厅里面，让观览古建筑风景的我们，忍不住对逝去的先贤表示敬意。虽然他赈济的不是我们，但我们也能够从中感受到，道义在这一代人中无声地流传。

章宅后来扩建了2个大厅，以及其他20余间房屋，宅院后面一直连通至杨家潭。章永廉的重孙章腾龙，字觐韩，号箬溪，晚号绿天。

他早年应试不第，又入武行。后游历华南、华中多省，得益丰硕。晚年，集十余年岁月，采辑周庄里中的史实，于清乾隆十八年（1753）编纂成《贞丰拟乘》。

当时章腾龙编纂《贞丰拟乘》所居的堂楼，叫作"乐山堂"，又名"绿天书屋"，后来不幸毁于一场大火，只剩下中间粉墙蠡窗、雕花梁木的厢房古风犹存。咸丰九年（1859），陶煦在被大火所毁的绿天书屋原址上重建仪一堂，并于光绪八年（1882）前，在这里编撰《周庄镇志》。

章宅堂楼

说起来有点巧合，但是，这的确是周庄的文坛佳话。前后相差有120多年，前人在这里编撰了一部周庄的重要史书，后面又有人在这里编撰了另一部周庄的重要史书，让这座被焚烧了又重新建起来的堂楼，给人一种特别的欣慰感。

虽然我们不能够深究这里面地脉、风尚之类无形的东西，但是精神一定能够传承。以文人的精神，传递文人的精神，以文人的笔触，传承文人的笔触，这就如同一个地方的先贤，无形之中，会带动后人以之为典范、跟随着砥砺前行的道理一样。

章宅所剩厢房于新中国成立前后易主为潘姓，现保存尚好。于2005年被列为昆山市级文物控制保护建筑，2009年8月被公布为昆山市文物保护单位。

戴宅

戴宅位于昆山市周庄镇中市街70号、72号、74号，分东、中、西三座宅第。三幢独立建筑，沿街紧贴相连。

戴宅建于民国初年，这个古老的宅院的主人，是清末由浙江来周庄经商，从事棉布业商贸生意的戴之杰、戴之仍、戴之佐兄弟三人。戴宅是三兄弟在这里经商时修建的商铺住宅。三宅独立而建却又紧贴相连，成为一个整体，共有大小房屋60余间，形成了前店后坊、深宅大院的水乡建筑格局。

东戴宅为长兄之杰所有，现为大诚堂中药铺；中戴宅为二弟之仍所有，新中国成立前为任记衣裳店，现为"贞丰人家"民居客栈；西戴宅为三弟之佐所有，新中国成立前为戴永茂布庄，现为"聚宝轩"景点，内有棋类展览和周庄古镇保护与发展历程的图片展览。

中戴宅

棉布业在清末民初被称为"京货业"。中国古代向来是自给自足的小农经济，尤其是纺织业，在民间一直盛行土布自织自用，棉布的销路不广。这是周庄镇上较早的京货。当时的周庄，有戴家兄弟组建的戴永茂、广丰祥、陶恒生等几家棉布庄，经营棉布及京广杂货。

1916年，戴永茂绸缎棉布庄毁于大火，代之而起的有永茂生，以及恒丰泰、新共和等棉布店。1928年，戴永茂达记绸缎庄在西中市重新开业，专营绸缎呢绒、棉布。该店新造房屋门面轩敞，业务盛极一时。相继开业的有干复新等棉布店。抗战胜利后，恒丰义、信大祥相继开设，棉布业成为镇区的一大行业。

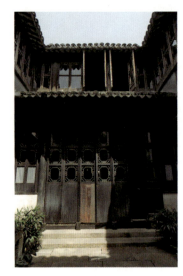

东戴宅

现存的东宅占地面积832.6平方米，建筑面积728.3平方米。坐北朝南，前后共四进，前三进为堂楼，最后一进为平屋。堂楼面阔均为四开间12.6米，进深9米，檐高6.6米，堂楼之间有前后天井。后一进平屋104.2平方米。该宅有门楼二座，分别书有"著礼传家"和"花萼联辉"题字。楼前为鹤颈轩，宫式窗，青砖铺地。

西宅占地面积549.92平方米，建筑面积925.03平方米。坐北朝南，前后共四进，前三进为堂楼，堂楼之间有前后天井。最后一进是平屋，前轩为一支香鹤颈轩，宫式窗，青砖铺地。天井内有六角形花岗石栏水井一口。

中宅的建筑和西宅类似，占地面积小一些，为284.13平方米。也是坐北朝南，前后共四进，前面为堂楼，最后一进是平屋。窗户都是宫式的，墙体空斗砌，下面青砖铺地。

戴宅的建筑保存较为完好，有较高的文物价值。戴宅也记录了周庄的棉布行业在民国时候的发展历程，有一定的史料价值。2004年，戴宅被公布为昆山市文物保护单位。

文物可阅读

冯元堂

冯元堂位于昆山市周庄镇南湖街西侧，为清代道光十八年（1838）冯季文所建，坐西朝东，原共两进。占地面积523.8平方米，建筑面积422.3平方米。

冯元堂外景

现存正厅冯元堂，面阔有10.3米，进深九檩9米。硬山顶建筑，虽然掩不住岁月沧桑的样子，但是它古朴中透着大气，苍老中透着古雅和精致，即使岁月也掩盖不住它曾经的风华绝代。

正厅里面的梁柱，是圆形的。顶梁是圆拱形的，两边向中央的屋脊处拱聚。梁柱和屋顶上面，都有精致到令人惊叹的花纹，有云鹤纹，有缠枝花卉，一丝

冯元堂门楼

不苟，精雕细琢，出现在它们应该出现的最妥帖、最合适的位置上。这样精美的雕花，在江南水乡的建筑中，也是别具一格的。正厅是葵式长窗的建构，厅堂里有墙群，回纹的围栏看上去端庄唯美，如同江南典雅华贵的贵妇人。

厅前有"芝兰毓秀"牌科砖雕门楼，上雕有八吉祥图案和戏曲故事。建筑整体木作工艺精湛，有较高的文物价值。

冯元堂这类水乡明清古建筑，代表了江南的精致华美。2009年，这里被公布为昆山市文物保护单位。

冯元堂梁架

门楼题额

天孝德

天孝德位于周庄古镇风景区城隍埭34号，正门朝东，是一座明代崇祯年间建起的宅院。它南边就是富安桥、蒋宅，北近太平桥，前厅后堂结构。现为由周庄人王龙官开设的天孝德民间收藏馆，是周庄重要的景点之一，供游人欣赏。

六一堂内，有一口古井，保存完好。硬山式顶，纵头脊，门头清水砖装饰。前轩为一支香鹤颈轩，轩枋、梁架间、裙板刻有精细的花卉等图案，长窗的形制有书条式、方格、葵式三种，回字纹围栏。

院内有飞砖门楼一座，后期与墙砌成一体。该宅整个建筑有一定的文物价值，2009年被公布为昆山市文物保护单位。

天孝德第二进

天孝德第六进

朱宅

朱宅位于昆山市周庄镇后港街,原宅主姓朱,建于民国初。朱宅现为周庄博物馆,馆内主要陈列周庄太史淀遗址出土的珍贵文物。

朱宅共有三进,前有石窟门,东有厅堂,旁有两厢房,外筑风火墙。另有素净别致的小花园,设计精妙。

这座建筑为硬山式顶,哺鸡脊,建筑属于砖木结构,门前两株绿色的芭蕉,端庄雅致。

前有轩廊,为

朱宅门楼

朱宅门楼

朱宅堂楼

朱宅内景

朱宅梁架

鹤颈轩,堂楼前有牌科门楼一座,山雾云、轩枋、裙板等采用雕刻和描金工艺,纹饰有四季花卉和蝙蝠等图案。建筑工艺十分精美,保存完好。

整个建筑都采用了宫式长窗设计,青色方砖铺地,配上精致的花窗,大气端庄,美观方正。建筑的水作、木作水平都很高,代表了民国时代的建筑风貌,具有较高的文物价值。2009年被公布为昆山市文物保护单位。

梅宅

梅宅位于昆山市周庄镇梅堰浜,西邻慎德堂,西北方有福洪桥,东南有戴宅。梅宅现为渔具馆。

梅宅建于民国末年,据传宅主为陆姓道士。由于家运不佳,房屋易主。整座建筑保存完好,占地面积309平方米。硬山式顶,纹头脊,花岗石柱础,青砖铺地,宫式长窗。堂楼前有牌科门楼一座,上面题有"古吴恩泽"。2009年被公布为昆山市文物保护单位。

文物可阅读

梅宅外景

门楼题额

梅宅

迣厅

　　迣厅位于昆山市周庄古镇风景区11—12号，该厅始建于明代崇祯年间。迣是不常见的姓氏，关于迣姓的来源，同里陈去病在《五石脂》中有一说法：元末农民大起义，群雄纷起，元顺帝逃往塞北，在中原的蒙古族达官贵人也四散逃跑。河南有一蒙古家族迁移到了吴江，避居南莘塔村一带。为防备不测，只得放弃蒙古族姓氏，改用汉字"迣"姓。

迣厅正门

迣厅堂楼

　　或许是被江南风韵所同化，原本的豪放豁达也被细腻精致所取代，迣厅完全是江南民居的代表。原有五进，现只剩二进，坐东朝西，硬山式顶，哺鸡脊，砖木结构，前后堂楼和两厢房，井院内还留有百年以上的蜡梅。

现存的房屋占地面积534.31平方米，建筑面积207.74平方米。大堂楼面阔11.5米、进深5.3米、檐高5.2米，小堂楼面阔6米、进深6.8米、檐高5.2米。墙体扁砌和空斗砌两种，部分短窗保留着蠡壳

堂楼

窗，原厅堂的粗大的青石柱础尚存。整个建筑代表明代风格。具有较高的文物价值。2004年被公布为昆山市文物保护单位。

周庄王宅

周庄王宅沿街立面

柱础

备弄

周庄王宅又名"后港街王宅",位于周庄后港街2—10号。始建于明代,在清代经过维修,至今保持着古色古香的沧桑韵味。

整座建筑坐北朝南,硬山顶,墙体是扁砌的,空斗砌,方砖铺地。有青石柱础,看到这苍老得带着光泽的青石,感觉一下子穿越回了几百年前。那个将青石从船上搬运过来的工匠,将柱础稳稳放置在这里的时候,就把一处古老的风景留给了几百年后的我们。也许这就是文物的魅力吧。

这座老宅院房屋沿街而建,也有一条备弄。2009年被公布为昆山市第四批文物保护单位。

丁宅

丁宅位于昆山市锦溪镇丁家弄，正门朝东，和古镇著名的石板街相接。临锦溪市河，北边接近牌楼里、众安桥，周围有众多民居环绕，为闹中取静的一处宅院。现为中国古砖瓦博物馆。

第一进正门

丁宅历史十分悠久，最早建于清顺治年间，是江南典型的十一进深宅大院。这么深长的宅院，只有富贵人家才能兴建，在江南这个历来繁华的富庶之地，建设这样的宅院，也颇费金银。这样的宅院，是什么人修建的呢？

第二进天井

丁宅的主人，是该镇一户丁姓商贾。这个宅院自建成以后，经历了后世子孙的不断修缮和扩建，最后形成了今天的样子。清光绪

第三进梁架

第三进鹤颈轩

末年，丁氏子孙又重修了前面的七进院落，并扩建了砖雕门楼和走马楼。现存轿厅、正厅、堂楼等五进，建筑面积约600平方米。

整座宅院的柱础，都由花岗石制作，主厅的梁架是扁作，有精雕的缠枝花卉山雾云，其上另有八吉祥图案，堂楼的梁架是圆作。第三进的鹤颈轩，雕工精美匀称，富丽堂皇，代表了当时的雕花工艺水平，隔了几百年，至今还令人赞叹不已。

主厅前面有一座五层的砖雕门楼，这种门楼在明清时代的古建筑中非常常见，是当时比较典型的建筑风格。

宅院门楼的设置非常考究，既能遮挡一定的风雨，又有美观富丽的特征，同时也寄予了一定的治家理念。从下至上，第一层为吉祥浮雕图案，代表着祥瑞和对家园的祝福。第二层，青砖石书有"聿修厥德"四个大字，这寄托的是家风教育，出自《诗经》，要求子孙后辈能够继承先祖的品德，字的两面雕刻有戏曲故事。第三层，是松竹和动物的镂雕图案。松竹之类是为了装饰美观，也有高雅高洁的寓意。第四层是斗拱，最上面承接第五层砖顶。整座门楼的建筑，水作和木作的工艺都十分精湛，雕琢细致考究，堪称精品。

丁家虽然是富商出身，但是从这个门楼上来看，他们还是很重视子孙教育的。正因如此，丁家从清朝顺治年间修建宅院，一直到光绪年修缮房屋，家族一直很兴旺。这个深深的宅院，真有一种"庭院深深深几许"的幽谧感。

第三进门楼

抗日战争时期，日军占领锦溪，要求学校教授日文，老师和学生拒绝去学校上课，并且将丁宅的书房当成课堂，把那里作为临时读书处。丁家把自己的书房空出来当作课堂，可知这是一个深明大义、具有高尚道德的贤明人家。家中有比较宽大的书房，可见对子孙读书应该是非常重视的。

第三进中柱边贴

"文革"时期，丁宅遭到严重破坏，原先的十一进房只剩五进。1997年5月16日，丁宅被公布为昆山市文物保护单位。昆山各级政府高度重视对丁宅的保护，落实保护工作，加强安全防范措施，落实责任人。丁宅最终被保护了下来。目前，前三进用于锦溪镇古砖瓦博物馆的展陈，后二进仍为丁家子孙住宅。

夏太昌

夏太昌外貌

夏太昌鹤颈轩

夏太昌位于昆山市锦溪镇上塘街新弄5号，东近锦溪镇市河，西南处有一古井。现存三进，基本保留原有风貌。现为夏伯常、夏季常私有住宅。

这座建筑均为硬山式顶，屋脊为纵头脊，柱础由花岗石制作，墙体为空斗砌，原来还有门楼一座，现在已经改造消失了。

宅院的窗户为书条式半窗，还有一个鹤颈轩，上面雕刻有精美的花卉图案，花纹相较丁宅更简约一些，不像丁宅和其他古宅那样富丽堂皇，但正是这样的简约风格，代表着当时另一种雕花工艺特征。这座宅院也具有一定的历史艺术价值。

余氏当铺

余氏当铺位于昆山市千灯镇典当里，始建于明代末期，于清代初年重建。

据载，余氏先祖余爱山，于明万历年间从安徽休宁县迁居到昆山千灯吴家桥畔，开店经商，逐渐成为当地的富户，被时人称作"玉溪余氏"。其后，余爱山的第二代传人余尚德之子余国柱于清顺治四年（1647）中进士，官至刑部主事、江西清吏司郎中。余尚德之孙余震元

当铺正门

当铺俯视

自幼刻苦，与伯父余国柱同入考场，同登一榜，乡里传为佳话，引以为荣。余震元作一楹联，挂在堂内，上联"生平所学惟四字"，下联"终身可行有一言"。

当铺门楼

清乾隆年间，余氏第五世孙余起霞，字丹舒，号鹤亭，资敏而学勤，入庠之后仕途不济，50岁循资入贡，入京师，刻励经世传之学。汇成《皇清文贯》50卷、《竹窗杂记》12卷、《立三堂文集》30卷、诗集20卷。征求碑、铭、传记几无虚日，值得一提的是他首创《巽圃八景》诗，又写了《玉溪八咏》诗，为乡邑陈至楷作《淞南八景》诗开创先河。由此家族发展可见，余家虽然是经商出身，也有着诗书传家的教育理念，子孙聪敏，科第蝉联，使家族一直兴旺百年。余氏家族也是千灯镇上"南顾、中余、北叶"三大户之一。

余尚德于清代初年在千灯镇扩建了这个宅院，俗称"立三堂"。这座宅院坐西朝东，共双排五进。前为店铺，后为住宅，是一座具有经商和居住双重功能的宅院。这也是水乡众多宅院的共同特征。双排的布局，显示出商人的精明和创意，更方便临街经营。整座建筑的规模建制比较宏大，布局严整合理，气派端方，美丽壮观。

第一进的东铺面，用来经营茶杂山货等；第一进的西铺面，用作典当铺。第二进为厅堂，即立三堂。第三进、第四进、第五进为住宅和当库。这座建筑现存有一明代大厅、五小厅、六座楼，共有120间房。三面均有风火墙，后楼设更楼，前后左右构成"亞"字形走马楼。可知在建筑初始的设计构思中，防火的功用受到重视。

300年来，这座宅院虽然历经沧桑，却保存完好。至今，余氏当铺所处的位置及周边的民居，均称为"典当里某号"，可知这个当铺

古建筑风情　老宅老院老厅堂传递的昆山工艺

129

在当时的巨大影响力。余氏当铺是目前江苏省内保存最完整、规模最大的典当行，具有较高的历史、艺术、科学价值。

2003年4月至8月，千灯镇政府出资搬迁了在内居住的22户居民，

当铺内景

住房全部由镇政府安排解决。同时耗资150万元维修了大小堂楼、侧楼、后楼、南北备弄、风火墙、围墙、地板、梁柱、下水管道，重建30米长廊和后花园，全面恢复了余氏当铺建筑群的原有面貌。虽然当铺的功能已经消失，但是为游客们增加了许多实地观览当铺的机会。2004年，这里被公布为昆山市文物保护单位。2005年被公布为省级文物保护单位。

李宅

李宅正门

李宅位于昆山市千灯镇木瓜浜的北侧，顾祥元宅的南侧，为李日芬的后裔所建。始建于清代后期，原堂名叫"祖庆堂"，现在为千灯的古灯馆，是较为完整的庭院式建筑群。2009年被公布为昆山市文物保护单位。

古宅原来的面积很大，现存的古宅是路西保留的四进，路南残缺的二进，以及河滩、公井各一座。这是一座知名度不算太高的古宅，可是它的建制在意外中给人惊喜。

第一进大门，保存着门当户对形制。

第三进内景　　　　　　　　　　　第三进鹤颈轩

鸳鸯厅全景

鸳鸯厅茶壶档轩　　　　　　　　　鸳鸯厅梁架

文
物
可
阅
读

李宅第四进

第二进为过道式硬山式平屋，二进与正厅之间有宽广的天井及围墙。正厅面阔三间，是柱庭式厅堂，较为高大宽敞。梁柱雕刻较简易，厅堂设有南北备弄与后进连通。

第四进为住宅式堂楼，楼前有轩廊，厅内两侧设有上下楼梯，楼上是三间照壁式房间，其第四进南侧设有鸳鸯厅，鸳鸯厅里面的梁栋和雕花，也都是工巧绝美的。

这座鸳鸯厅前面，是一座非常优雅的闲庭院，庭院左右对称，格调高雅，厅前有一道内廊，弯弯曲曲的格子木栏杆越发显得鸳鸯厅清雅别致。庭院并不大，两边栽种绿树、翠竹、花草之类，有一个小小的水池，另有亭子、花园，与第二进有曲径通幽的过道。这是一个看见就想居住，住进去就想开窗观菊，开窗就能映见竹影，竹影姗姗就想读书的无比优雅的去处。

江南的建筑美，就美在这种氛围吧。

毕厅

毕厅门楼

　　毕厅位于昆山市柴王弄21号，东临北后街近百米，西距亭林路百年老店奥灶馆300多米。前后两进，占地面积1345平方米，建筑面积227.38平方米，现为昆山书画院办公场所，后院是仿古办公楼，是昆山书画家创作和书画培训基地。

　　毕厅建于清朝晚期，主厅和后宅及边屋等建筑都建于这个时期。主厅原名"诚德堂"，现名"玉山草堂"，面阔三间21.7米，进深11.4米，高7.4米，硬山顶，梁架扁作，前有廊轩，凤云纹云头。院外民居环绕，院内幽深静逸。

1991年，将柴王弄毕厅及西侧土地划归昆山书画院使用。1992年8月，昆山书画院迁入毕厅。1992年年底，毕厅修复工程完工。

1991年，被公布为昆山市文物保护单位。

毕厅正厅全景

船篷轩

毕厅厢房外小天井

日知楼

日知楼位于昆山市玉山镇西塘街，分东西楼房两栋。

这两栋楼建于20世纪50年代，西楼略早，建于1953年，当时的苏南行署将江苏省立昆山中学改为苏南昆山中学，在这里建设了西楼。到1954年，东边一幢大楼也落成了。两幢大楼都是为了教育而兴建的，建筑风格融入了当时先进的教育理念。两楼皆为歇山式顶，红砖扁砌墙，二层洋房，后来加以修缮过，地坪已改为瓷砖，廊前砖砌立柱。修缮后的东西两楼，红砖白底，窗格和护栏都用白色材料装饰，一东一西，并立两厢。方方正正，给人端庄肃穆的感觉。从楼道的侧面看，楼道的立柱整齐有序，伸向远方，如同探知学问的知识之路，令人肃然而立。

这两栋楼代表了昆山20世纪50年代的建筑风格，现整体保存较好，具有一定的历史价值。2009年被公布为昆山市文物保护单位。

20世纪90年代，这两栋楼更名为"日知楼"。东边为日知东楼，西边为日知西楼。

"日知楼"这个名

日知东楼

字，取意于昆山三贤之一的顾炎武的巨著《日知录》。顾炎武是明末清初著名的思想家，《日知录》是顾炎武"稽古有得，随时札记，久而类次成书"的著作。"日知录"是书名，取之于《论语·子张篇》："子夏曰：'日知其所亡，月无忘其所能，可谓好学也已矣。'"意思是：每日都知道自己所缺少的，每月都忘记自己所获得的，这样才是好学。学校的建筑，配上这样一个有"好学"寓意的名字，自然相得益彰了。

《日知录》内容宏富，贯通古今。《四库全书总目》把它分作15类，即经义、政事、世风、礼制、科举、艺文、名义、古事真妄、史法、注书、杂事、兵及外国事、天象术数、地理、杂考证。这是一本关于古代各方面知识的百科全书式的书。

关于写作此书的目的，顾炎武本人说得很明白，他说："别著《日知录》，上篇经术，中篇治道，下篇博闻，共三十余卷。有王者起，将以见诸行事，以跻斯世于治古之隆。"撰写《日知录》，"意在拨乱涤污，法古用夏，启多闻于来学，待一治于后王"。这说明，《日知录》是寄托

日知楼走廊

日知双楼

日知双楼

作者"经世致用"思想的一部书，内容大体分为三类：经术、治道、博闻。而核心则是"治道"。

昆山中学是一所历史久远的名校，近百年的悠悠时光，多少昆山俊才少年从这座学校里走出，走向全国，走向世界。他们的身上，都沐浴着这日知楼上的红光，他们的心里，都潜移默化地接受着先贤顾炎武思想的影响。"日知其所亡，月无忘其所能，可谓好学也已矣"，学无止境，学无际涯，只有"苟日新，日日新"，不断求索，才能探究到知识的深邃之处。

日知楼，正是以建筑的形式、日日新的求学思想，教育着一代代昆山少年，走向他们完美的人生。

水乡古桥古街

村桥水道，故乡的原风景

双桥及沿河建筑

双桥及沿河建筑，位于江苏省昆山市周庄镇，东邻银子浜，西临后港街，南至北市街中段，北至蚬江街。它包括了从双桥到富安桥之间的明清时期的沿河建筑群，主要有双桥、富安桥、骑楼、贞固堂及其他沿河民居。

双桥由世德桥和永安桥相连而成，世德桥为单孔拱桥，东西走向，跨于南北市河上。永安桥为单孔梁桥，南北走向，跨于银子浜上，与世德桥形成"丁"字形。

双桥及沿河建筑航拍图

这两座桥梁始建于明万历年间，清乾隆三十年（1765）重建，道光二十三年（1843）重修。1957年，永安桥由单孔拱桥改为单孔平桥，两桥首尾相连，桥面一横一竖，桥拱一圆一方，比例协调，构图完美。明月之下，波光粼粼，小桥流水人家的精致画图，加上红花碧草的点缀，水村山郭酒旗风的飘摇，时不时小桥上行走的雨巷姑娘，或者下面悠悠碾过一波春水绿的小船，构成一幅天然的图画。

双桥能够蜚声世界，和一位旅美的上海画家陈逸飞有关。他20世纪80年代初来到昆山的周庄、锦溪水乡古镇采风，用相机把自己感兴趣的景物拍摄下来，带回画室，进行再创作。相对没有开发的昆山周庄、锦溪这一带，保留了不少明清时候的建筑，而这种江南水乡的样貌，正是陈逸飞脑海里故乡的样貌。

这种创作是带着一个画家内心深深的情感的。故乡的情，传统的文化，悠悠的水巷石桥，这样的情景交融的画作，一定带着浓浓的东方韵味。陈逸飞画了很多这样的作品，其中一幅，就是著名的《故乡的回忆——双桥》。

双桥全景

沿河建筑

这幅作品为当时的美国商业巨子哈默先生所收藏。哈默先生在美国开了个哈默画廊，在艺术圈很出名。他非常喜欢《故乡的回忆——双桥》这幅画，邓小平之后在北京接见哈默先生，哈默先生将此作为重要的礼物，赠送给了邓小平和中国人民。这幅油画后来还上了联合国邮局的首日封。

正是这样的因缘关系，当时国内媒体作了大量报道。周庄的双桥，因此一下子闻名遐迩。这一幅画作，不仅让双桥名闻天下，更改变了周庄的文化生态。这里变成了绘画人心目中的故乡。从20世纪80年代中期开始，每年到周庄写生的美术爱好者、艺术院校学生的人数是全国各个小镇中最多的。在江南各个小镇中，周庄也是人流量最大的。周庄后来专门腾出沈氏义庄的一座古宅，作为陈逸飞的工作室。

画家的创作，是一种情感指引下的艺术虚构。原型是双桥，创作出来的，就是作品，代表画家心里的故乡。所以，"双桥"是哪里？并不能确定为实指。但是从陈逸飞的构图来看，他显然也是选择了一种既定存在的模型。这双桥的布局，正是体现了周庄古镇、锦溪古镇，以及若干江南昆山古镇的建筑风格：按照水的走势、堤岸的走向，房屋的建筑高高低低，回回环环，错落有致，相映成趣，形成了这样的"双桥"风格。

陈逸飞油画作品

它的确是一种无法构思布局的美，因为它美在自然，美在灵巧，美在得体，美在恰如其分。每一级台阶，每一个转弯，每一处应当出现的花草，都是那样巧致而适宜。既有生活化的情趣，又有诗的创意。还有几分古朴、几分清逸，如诗如画，纯乎天然，就是这样的境界吧。

这是画家陈逸飞心

双桥夜色

中的故乡，也是典型的水乡建筑。在画家的心里，"双桥"是一种印象，并非确指生活中的某一座双桥。但是画如同景物，而景物也如画，更能看出"双桥"的美，是一种如诗如画的美，自然天成的美。

双桥至富安桥之间沿河两岸，分布着明清时期的多座古建筑，除有玉燕堂、敬业堂两处省保单位外，还有贞固堂、骑楼等古建筑，都是保存较好的清式建筑。它们风格各异，临河而筑。这些建筑古色古香，精巧雅致，房间明亮，天井宽敞。高耸的屋顶、雕花形状各异的屋脊，加上围墙和花漏窗，共同构成丰富多彩、错落有致的立体轮廓，它们和太平桥、富安桥及周围的民居，组成了极富水乡风貌的景观，成为周庄最入画的画面之一，也是江南地区小桥、流水、人家几个元素的古镇风貌的典型代表。

双桥及沿河建筑，是明清时期周庄经济繁荣的代表作。周庄自元末建镇以来，以水兴镇，以水成市，以水得利，带动了周围农村经济的发展，成为这个地区的手工业和商品集散中心。周庄镇以粮食业、棉布业和竹木器业、水产业为基础行业。南宋以后，特别是明清时期，逐渐形成了繁华的镇市。双桥至富安桥之间布满了店铺和各种手工业作坊，还有进行大宗买卖储运返销的商行和仓库。在这样一条繁华的商业街道上，有着连排的店面，或前店后坊，或下店上宅，呈现了明清时期江南水乡繁华贸易集镇的古朴风貌。

如今，风格各异的古桥、水、路融为一体，鳞次栉比的传统民居、过街楼、临河水阁、水墙门、

双桥及沿河建筑

水埠、石河沿、驳岸、石栏杆有序地夹河形成水巷，共同组成极富水乡风貌的景观，这是江南水乡最令人向往的旅游目的地之一。除了具有文物的历史价值、艺术价值和科学价值外，这里还构成了中国人心目中的故乡，承载了江南地区人的"乡愁"，是许多人一生一定要来一次的理想之地。

全功桥

全功桥

全功桥位于昆山市周庄镇北市街，因它靠近原先富安桥河北端的水上栅栏，所以周庄当地人给它起了一个通俗好记、更有标志性特征的名字：北栅桥。北栅是周庄古镇很古老的水上通道大门，它的功能类似以前县城、府城的水城门，有保护周庄不受水上袭击的作用。既然坐落在这样的位置附近，对于周庄来讲，这座古桥的重要性不言而喻。

全功桥的名字，来源于它的修建者。那位修建者姓"全"，是他出资建造了这座桥，所以得名"全公桥"，后人不知，叫得多了，渐渐演变为"全功桥"。在古代，修桥铺路都是大功德，所以"全功"，也算是有"功德成就"的含义吧。可惜这位全公，名字已经失考，连他所处的朝代也不明确，不知道具体的家世特征了。

清顺治三年（1646），周庄人蒋从川、沈从曾募修此桥，乾隆三十六年（1771）重建，东西向跨北市河上。整座桥气

全功桥

南侧桥联下联

南侧桥联上联

势恢宏，风格稳健，是周庄最高、最大的花岗石单孔石拱桥。

全功桥的拱券建制，采用纵联分节并列砌置，桥栏以大青砖砌成，上压石条。桥长24.1米，桥面宽3.6米，净跨7.35米，矢高4.6米。南北两侧均有桥联。北侧桥联为："北濒急水泉源活，西控遥山地脉灵。"南侧桥联为："江上渔歌和月听，日边帆影带云归。"2004年，被公布为昆山市第三批文物保护单位。

桥是江南水乡的必需建筑，桥也是江南水乡的名片。一个地方的民风民俗，通过桥的桥联可以看得出来。如锦溪北观音桥的桥联"万恶淫为首，百善孝为先""愿天常生好人，愿人常做好事"。通

全功桥

过这些劝善的桥联，我们可以看到一个地方民风的纯朴，自然经济的稳定。周庄的全功桥的桥联，则另有千秋。一个"泉源活"，一个"地脉灵"，夸耀了周庄的地理交通优势：北靠急水港水上要道，西可通太湖、长江，东可达大海。向西远眺苏州，联通苏州这样大城市的商贸辐射，自然是灵脉山水了。"江上渔歌和月听，月边帆影带云归"，则写出了周庄人追求闲适诗意生活的精神旨趣。

周庄人的性格，周庄人的追求，通过桥展示出来了。周庄历史上商贸繁荣，南北市河两岸的集镇非常热闹，到了明代，市廓扩大，一直向西发展至普庆桥、福洪桥一带，镇区基本形成规模。清初，镇上人口更为稠密，已演变成为江南的一个大镇。这样的桥，正是这样的商业文化的反映。

富安桥

　　富安桥位于昆山市周庄镇中市街，东西走向，跨于南北市河上。它的姿态非常优美，一边连接着二层的楼房，一边连接着整排的商铺回廊，环绕桥梁本身，有四座桥楼，曲折环绕，各通南北，真有一种"一桥飞架，如龙卧波"的既视感，又有"众星环拱，气宇轩昂"的威严气势，美观而端庄，和周边的景致浑然一体，构成一幅美丽的画面。

富安桥

　　富安桥的历史很久远。最初建于元至正十五年（1355），由周庄人杨钟出资建造。元末，周庄人沈万四重建。这座桥最初为青石质地的方孔平桥，经过修缮变成现在的拱桥形状。桥名原来叫"总管桥"，后来改

富安桥

名"富安桥"。

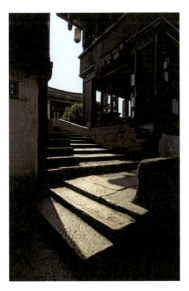

富安桥

这座桥经历了多次修缮。明成化十四年（1478）重修，嘉靖元年（1522）又修，清咸丰五年（1855）再修，由平桥改为拱桥。现存的桥，为花岗石质地单孔拱桥，桥长21.7米，跨度7米，中间宽3.05米，桥东侧为19级，桥西侧为18级，桥面中间刻有浮雕图案。桥上有五块深褐色的武康石护栏，尤其是桥东埭供行人休息的长石，呈弧状微拱，是元代原物。最可贵的是，桥身四角各有桥楼一座，粉墙黛瓦、木栏长窗。

四座桥楼形式各异、高低错落，各负地势，各显姿态。桥楼下面的石阶梯曲折回环，通向南北，深具江南水乡的神韵。不论是从形式还是功能上，都与桥身相互呼应，融为一体，像这种楼桥合璧的建筑形制，即使在全国亦不多见。1991年，富安桥被公布为昆山市文物保护单位。正是像富安桥这样的十几座明清时期的古桥，连接着水乡的周庄，构建着水乡的景致，在花前月下，烘托着一个梦里的故乡。

锦溪古内河水道

锦溪古内河水道位于昆山市锦溪镇古镇区。这是昆山独具特色的一条内河水道。

锦溪镇是"水乡里的水乡",外面是"水云之乡、稼渔之区",镇内是"人家尽枕河"的独特

内河水道沿河建筑

格局,在仅1平方公里的范围内,就有古桥26座,这些桥梁如同飞龙,风格各异,装饰着河道的不同地段,给锦溪留下了"三十六座桥,七十二只窑"的传说。在这样的水乡,出现这样一条古内河水道,也是预料之中的。

在大约长1.3公里的河道两旁,分布着驳岸、河埠、水墙门、过街廊棚等极具江南水乡特色的建筑物及构筑物,印证着这里曾经有过的商贸来往和街市繁华。河道上原有古桥梁26座,现在仍有古桥10座,平均每隔130米一座,分别是十眼桥、普庆桥、众安桥、溥济桥、里和桥、中和桥、天水桥、具庆桥、福隆桥等。它们形制各异,保存较好。其中,里和桥最为古老。

锦溪的桥星罗棋布,真的有移步换景、随处可见的神奇和惊

众安桥

艳。这些桥往往和河边的亭台、商铺高高上翘的屋脊、青色碧绿的瓦片，还有红色木质的栏杆、金黄色的飘摇的酒旗、悬挂的红灯笼，甚而秋天的枫叶、春天的一丛深色花一起，构建起水乡特有的美丽景致。

锦溪能够形成这样的一条古老又绵长的古内河河道，其实和它的地理位置和曾经的繁华商业有关系。锦溪河流相通，舟楫相连，这个地方一度人烟稠密，形成了热闹的集镇。商业的发达和贸易的往来，需要便捷的交通和沿街的商铺。于是，一个临水的、两岸商铺林立的商业格局，就建立了。

锦溪这条古内河水道的独特价值和风致所在，竟然隐藏在它曲折悠长的驳岸上。这里的驳岸小品繁多，6公里内就有58处。这些河埠的形式也多种多样，有平行于驳岸的，有垂直于驳岸的，也有联合式样的。从方向上分析，有单向的，有双向的；从位置上来区分，有室外的，有室内的，还有转弯的。它们大部分由花岗石及青石构筑，有的比较规整，给人端方大气的印象；有的则比较随意，好像随随便便砍了一斧子，或者平平常常挽了一个结。令人惊喜的是，至今大部分驳岸还发挥着原有的使用功能。

河道驳岸上留下了很多为了系住小船绳而专设的绳眼，当地人称呼其为"船鼻子"（也就是缆船石），它们是建筑驳岸的时候，石刻师傅留下的经过匠心雕刻而成的艺术品，形式多种多样，有"如意"，有"葫芦"，有"和合"，有"八吉"，千姿百态。似乎为了避免重复，也似乎为了显示石匠出众的手艺和灵巧的构思，也或者是为了匹配这一条

缆船石

弯弯曲曲、景色秀丽的河道，总之，它们有了灵魂一般，忽然就鲜活起来，在千年的河道上面争奇斗艳，秀出独特的那种风韵味道。这样的"船鼻子"，河道上共计有102只，除了少数损坏之外，大部分保存完好。

这是多么美好的一种文化生态啊！从河道，到驳岸，到岸边的建筑，到驳岸上的石刻，每一个细节，都精心打造，每一处雕琢，都留下曾经的灵心和匠艺。它们在岁月中静止下来，沉淀下来，然后超越了岁月，成为永恒。

这些内河河道和沧桑的驳岸，和几百年前的古锦溪紧密连接。这些文物，就是无声的历史传递给我们的话语。这些静默无语的文物的存在，用自身的悠久和风霜岁月，丈量着昔日锦溪的无比繁华和不容小觑的商业规模。市河两岸那些古老的树木，带着斑驳水渍的沧桑印记，也为我们提供着佐证。

站立在石驳岸边，看着上面形态各异的缆船石，有的带着石雕

内河水道沿河建筑

上塘街

花纹，有的像笨重的牛鼻子，它们见证了一艘又一艘的大船小船，满载货物，在这里停留又出走。船夫们将绳子一遍一遍套在缆船石上，用双手的温度，维持着这里的喧哗和热闹。现在，繁华落幕，商业退去，那些石驳岸静默而肃立，华丽而悲凉，似乎还在憧憬着那段让人留恋的过往。

　　石驳岸上，还有设计巧妙的泄水孔，也是形状各异，多姿多态。泄水孔也是商业文明里不可或缺的一部分，传达着生活的灵动和凡俗。花花绿绿的商品，顺着逐级而下的河埠，一件件运上船，送到水乡各处。这些肃然而无声的遗留，见证了一段消失的繁华，也印证着当年锦溪人在铸造石驳岸时，对于艺术性与实用性的完美追求。

　　这样的石驳岸，在江南小集镇中并不多见。今天，这些河道内的污水泄水孔已经失去了原有的排污功能，成为古河道驳岸上的一种历史遗存。

　　锦溪古内河水道的桥梁群体，具有典型的江南地方特征。它们理所当然地因为桥上的精细雕刻和铭文成为骄傲，可是很少有人知道，这里的人文之盛，也是罕有地方能比的。这里的桥上留下的桥联，寓意十分丰富，明代著名诗人高启、沈周、文徵明等文人雅士，都道过锦溪，在这里留下了200多首诗文题咏，为研究江南地区的历史、人文、风俗提供了实物、资料。这样的人文富赡程度，简直可以笑傲古镇江湖了。1997年5月，这里被公布为昆山市第二批文物保护单位。

溥济桥

溥济桥

在锦溪"三十六座桥，七十二只窑"的美名中，溥济桥可谓是保存最完整的一座，也是一座历史久远的明代古桥。

溥济桥俗称"陈家桥"，位于昆山市锦溪镇上塘街，东西走向，跨于中市河北段。它始建于明弘治二年（1489），由里人陆溥、陆济出资建造，明天启年间重建。现存的溥济桥，为单孔拱桥，长15米，宽2.7米，跨度5.3米，矢高3米。桥基仍是明代原物，由青石砌筑而成，桥面已换成花岗石质地，原木质栏杆也改为砖栏。题名石上的桥名镌刻清晰，它取自两位造桥人的名"溥""济"，也恰与"一桥

薄济桥

连通，万民以济"的意思相吻合，反映了修桥人"济世渡人"的造桥
思想。

　　这座古老的石桥，每一块石头都带着沧桑的印记。它最大的特
点，可能是构架。它的桥身比较低矮，但是引桥很长。古桥跨河而
卧，看上去是那么平稳而谦逊，似乎要迎接每个过往的村民。而长长
的引桥则如同送客，绵绵不绝，一直延伸到旁边的巷子里，才依依不
舍地止步。这样的桥梁设计，似乎是带着情感的，让这座深入民居
的桥似乎有了灵性，变得十分亲近人。

　　整座桥外观优美，刚健之中不失精巧，稳重之中不失秀媚。这座
桥的旁边，正好是一处民居的廊沿，那廊沿沿阶而下形成的水码头，
与薄济桥巧妙浑然一体，形成了一道古朴而雅致的风景，加上桥下
的春水绿，桥上的杨柳枝，如果有明月别枝惊鹊来，或者夕阳西下留
下半河红晕，那如诗如画的景致让人沉醉，恍然之间以为到了仙境
蓬莱。

　　偶尔也会有居民沿着石阶款款而下，蹲在河边洗衣服。他们的
身影那么熟悉，即使往前面追溯几百年，也会有这样的生活景象。水
乡就是这样，枕河而居，依水而筑，与水为邻，他们通过桥梁，实现
和水的温柔共度。

十眼桥

十眼桥

  十眼桥位于昆山市锦溪镇的南部，有"小宝带桥"的美称，也许是因为它美丽蜿蜒的姿态像是一条镶嵌着珠宝的玉带吧。

  这座桥兴建于清中期，新中国成立后多次修葺。1997年被列为昆山市文物保护单位。

  现存的十眼桥，是花岗石质地的十孔梁桥，南北走向，像一条彩虹，横跨于坟塘港至五保湖口。整座桥的桥长有52米，宽2.8米，高3米。主孔跨度有3.5米。

  这座桥一共有九墩，南端的两个桥墩最大，因此它们的桥孔亦大,其余的大小一样。桥墩采用条石整齐叠砌,体积大,稳固性强。

　　从功用上说,由于锦溪镇四面环水,每到雨季,路堤常为汹涌湍急的湖水所冲决,此处湖面宽,又是水路要道,因此不宜建成形若弯月的石拱桥,采用这种跨度小、多孔、狭长而平坦的桥型,更利于桥的使用和维护。宽广的大桥孔便于水下行舟,小的桥孔则利于泄水。

　　这座桥的造型非常独特,用十个桥眼,多孔联翩,倒映水中,虚实相生,桥和影子相互交映,好似一条卧波游龙,横亘在碧波荡漾的五保湖畔。每逢月夜,明月透过桥洞照映,十眼桥能够分出十处波光粼粼的水中月亮。那样的景象,想象一下,一定美到极致,浪漫到极致。

　　十眼桥不仅造型美观而独特,所在的位置也非常奇巧。它不像一般的桥,在民居的隔壁,临水商铺的前面,它选择的坐卧之地,正是五保湖宽敞无比的水面上,周边没有任何遮挡日月的桥楼建筑,只有它凌空而起,占据一方江山独我的样子。

　　这样的十眼桥,正对着日出月落,暮云夕晖。偌大的湖面上,只显出它自己和它水面的倒影来。可以试想一下满天的云霞和下面的十眼桥,真的很想说出“朝晖夕阴,气象万千”的诗句来。

　　湖光倒影中,十眼桥带着一种沧桑和古朴。当地政府非常重视这座桥,不断修缮和保护,桥体的形状和本质设计没有改换,上面增加了一些保护性设计,如同戴上了一个典雅高贵的风冠。

　　这样显耀又独特的位置,加上骄矜艳丽的

十眼桥

姿态，这十眼桥如同天然的彩虹，有一种"长虹卧波"的壮美绚烂。夏天的时候，五保湖里开满荷花，小舟采莲，荷香满身；入秋的时候，绿云满天，或高或低。这

十眼桥

样的气质姿态，真有凌绝万端、独步天下的气势。可是即使如此，也没有人说它骄傲。因为这样的桥，真的在整个水乡，在桥梁众多的江南，都独具特色，独一无二。

因为这座桥，锦溪的形象都被它定格了。

天水桥

天水桥

天水桥是锦溪颇具特色的一座桥，俗称"北观音桥"，位于昆山市锦溪镇天水街与下塘街交接处，南北走向，跨于油车港上。走近古桥去观望它的时候，感到既熟悉又陌生。熟悉的是它那么普通，和水乡其他的桥都有相似度；陌生的是它独特的配色模式，给人一种断骨重续的沧桑感。杨柳垂丝，表达着它的新生，苍苔浓绿，言说着它的古老。

这座桥始建于明永乐五年（1407），由郭子敬出资建造，清顺治九年（1652）重建。现存的天水桥是单孔拱桥，除桥拱为青石质地外，其余由花岗石构成。桥长17.2米，宽2.7米，净跨6米，矢高3.1米。

东桥联上联　　　　　　　　　　　东桥联下联

　　桥的拱券采用纵联分节并列法砌置，桥栏保存得较完整。虽然新旧颜色不同的砖石表达着这座古桥不同的修缮时间，但是它原始的结构还是通过层次感和拼接感，展示出一个久远时代的桥梁故事。

　　桥上还留下了两副对联，桥的东端是"万恶淫为首，百善孝为先"，西端是"愿天常生好人，愿人常做好事"。这都是劝善的传统对联，有着通俗朴素的用心。这两副对联刻在这古老的石桥上面，显示着一个村子的纯朴，和一个村子曾经的文化理念。

　　整座桥稳重敦厚，与远近的民居、街道、河埠融为一体，如同一个老实本分的乡下人，守护着这一个宁静的村落。2004年，该桥被公布为昆山市文物保护单位。

里和桥

里和桥

　　里和桥位于昆山市锦溪镇南市河上，始建于明，清乾隆十二年（1747）重建，俗称"南观音桥"，又称"南塘桥"。

　　里和桥南北走向，横跨在南市河上。这是一座单孔的石拱桥，花岗石砌筑，拱券纵联分节并列砌置。里和桥长度有22.4米，桥面宽3.1米，净跨9米，矢高4.8米。

　　里和桥的这种结构，让我们想起锦溪的另一座桥——北观音桥。这两座桥梁的建筑结构是一样的，建筑时间也一样，名字也相同，连桥洞下面青苔的形态颜色，都出奇地一致，猜测应该是同时期同一批人修建的。在颜色不一、或方或长的青石板、红石板铺砌的桥面上方，是长弧形的桥栏，上面镌刻着"里和桥"三个字。整座桥梁给人

161

的印象，就是简单而质朴。

里和桥的特别之处，在于它的人文价值。这座桥的位置所在，尤其适合观赏夕阳西下。所以这里有一处名为"石音夕照"的美丽景观，为明朝的锦溪八景之一，著名文士文徵明有诗句

里和桥

写这里的景物："物换人移久彻关，石音依旧夕阳滩。风帆付与溪翁领，却把沙禽一样看。"景物有了人文之美，就有了灵魂。这"石音夕照"有幸遇到了文徵明，夕阳西下的桥影水照，就带上了文徵明的怡情雅致。2004年，这里被公布为昆山市文物保护单位。

朝阳桥

朝阳桥

朝阳桥位于昆山市锦溪镇祝甸村，始建于20世纪50年代，是为了满足这附近村落烧窑产业的需要而建造的桥梁。清代抄本《陈墓镇志》记："男子作佣工，半籍窑业。"又有传说："三十六顶桥，七十二只窑。"当时锦溪的制窑产业非常发达，祝甸村尤其著名。至今在祝家甸村还较好地保留着7座古窑。这些古窑体量高大，临河而筑，为满足运送砖瓦的需要，就需要一座建制高大、坚固的桥梁，来承担这个任务。

朝阳桥应运而生。朝阳桥，就使用祝甸村自己烧制的青砖做材料来建造。这真是有点"近水楼台先得月"的优越感，让桥梁本身和村落的砖窑，产生了密切的亲缘关系。足迹留在朝阳桥上的人，他挥汗的双手，也参与到一次次挖泥、锻造的劳作中，他辛勤的付出，成就了脚下结实耐用的青砖。这种充满哲理的轮回，真有一种生存的妙义。

朝阳桥

朝阳桥东西走向，横跨于祝甸河上，连接着祝甸村的两个自然村落。它把村落的希望送了出去，又把外面的订单和材料送了回来。日出日落，实现着对村落民众的默默供养。

朝阳桥的外观高大伟岸，拱券呈大半圆形，金刚墙和拱券由青石砌筑，桥基和栏杆为花岗石质地。整桥保存完好，建造工艺十分精湛，是一个村落民众的希望，也凝聚了一个村落的宠爱。

正是因为朝阳桥的生命是祝甸村民赋予的，所以它也"报之以琼琚"。自从诞生之后，朝阳桥就一刻不曾休息，风雨交加，日出月落，人在耕耘，它在守候，一直默默无闻，无怨无悔，奉献到现在。

现存的朝阳桥，它那青砖铺砌的桥身还是那么整齐划一，它的桥基稳固，桥身没有任何松动沉降现象，历经百年还是坚固如初，可知当初它被建造的时候，一滴汗，一寸材料，一个尺寸，都被规划得认认真真，布局得严严密密，铺砌得规规整整。它带着祝甸人充沛的滋养，练就了百年不变的身心。

花桥的桥

徐公桥

徐公桥

徐公桥位于昆山市花桥经济开发区徐公桥村东（现徐公桥小学内），东西跨于徐公浦上。这是一座非常古老的石桥，始建于元至正年间，镇以桥名，环桥而起的"极小市集"，发展成了徐公桥镇。后来在清嘉庆十四年（1809）、嘉庆二十五年重新建造。2004年被公布为昆山市文物保护单位。

现存的徐公桥，是一座单孔石拱桥，由花岗石、青石混砌。拱券纵联分节并列砌置，有青石桥栏。桥长19.6米，面宽2.9米，净跨7.1米，矢高3.96米。

徐公桥两侧有桥联，南侧为："直接吴淞通碧海，遥连娄水映文峰。"北侧为："横排白洼凌霄汉，雄居青龙镇海潮。"气势雄伟，气象辽阔，可知当初建起之时，那种凌河望江的非凡气势。

天福三桥：聚福桥、永清桥、万寿桥

聚福桥旧名"富赢桥"，位于昆山市花桥镇天福庵小镇，东西走向，坐落在旱泾河上。此桥始建于元至正八年（1348），清道光二十五年（1845）重建。这是一座具有浓郁文化特征的古桥。

现存的聚福桥，由青石、花岗石两种石质构筑而成，拱券采用纵联分节并列法砌置。桥长19米，宽2.6米，高3.6米。桥中央的桥心石上有八卦形浮雕，长系石上刻有莲花图案，简练素雅、细腻逼真。

可贵的是，题名石上"聚福桥"三字清晰可辨，拱券东内侧仍保存着"大元至正八年辰壬十二月辛卯吉辰鼎建谨题募人周文明朱允成"字。字为楷书，分三行双线阴刻而成。拱券顶部两端还分别刻有"富""赢"两字。如此详尽地记刻确切年份的古桥，十分稀少。1997年被公布为昆山市文物保护单位。

聚福桥的东西桥堍，各有单孔梁桥一座。三座桥梁，被合称为

聚福桥

"天福三桥"。

东南堍约5米处，是万寿桥，南北走向，跨于支昌塘上。建于清乾隆三十二年（1767），民国二十四年（1935）修复。花岗石质地单孔梁桥，桥长16.7米，宽1.7米，跨度5.1米。2019年3月，作为"天福三桥"之一，被公布为第八批江苏省文物保护单位。

西堍为永清桥，建于清嘉庆年间，为里人松滨募资筹建，西侧桥石上有"松滨遗叟募资重建"的石刻。南北走向，跨于支昌塘上，花岗石砌筑，单孔梁桥，桥长10.3米，宽1.4米，跨度5.1米。2019年3月，作为"天福三桥"之一，被公布为第八批江苏省文物保护单位。

虽然三座桥梁的建桥时间并不相同，但是浑然天成，珠联璧合。三桥紧紧相依，桥面两竖一横，犹似一个"凹"形聚宝盆，桥洞有方有圆，形似古代钥匙。这三座桥梁联袂而筑，隔水相望，布局精巧，非常美观。桥名具有吉祥寓意，当地人称之为"天福三桥"，有"聚集福气、永葆清廉、代代长寿"之意，被誉为江南水乡一绝。

玉山（高新区）的桥

玉龙桥

玉龙桥原名"玉虹桥"，坐落于昆山市玉山镇东门外。这座桥南北走向，横跨于娄江之上。娄江是昆山的母亲河，是最重要的水道之一。玉龙桥是昆山城内最高的

玉龙桥远景（由西望东）

古桥，也是现存古桥中年代最为久远的桥。

光绪《昆新两县续修合志》记载，玉龙桥始建于梁大通年间，清顺治五年（1648）塌圮，顺治十二年由乡人周思、卢荣增出资重修，道光八年（1828）又进行了重建。

这漫长的桥梁历史，让人嗟叹它的古老与悠久。同时也充分说明：玉龙桥是伴随着昆山城池的繁盛而繁盛的。同命运，共呼吸。正是南朝梁大同三年（536），娄县改名为"昆山县"。这是东晋衣冠南渡之后，北方文化中心南移，对于昆山这个南方县域的一种文化影响。昆山从这个时候开始，不仅仅是拥有了"昆山"这个城市名字，更重要的意义在于，它从一个沉睡的小地方逐渐苏醒，迈开了发展前行的步伐。

在玉龙桥始建之后大约十年，昆山拥有了"昆山"这个名字，这基本上是同步的。这是一个非常值得咀嚼的历史时间。这座高大的桥，难道是为了给这座城市留下一个更名的建筑标识吗？这样的忠心耿耿，真的令人赞叹。

玉山这一带，乃江南片玉之地，和各个乡镇里的地域有所不同，这里一直是县治所在。既然是治所，人文、经济都有所不同。它独有一份骄傲，也独有一份坐观全局的大气。这一点，在建筑上也有所表现。玉山的玉龙桥就是这样，它有一种睥睨全域的霸气，也有承载更多文化的雍容。

这一点如果要印证，先看它的桥联。桥联就是所在民居和村落的文化语言，它告诉我们，这一方人崇尚的是什么风尚，自信的是什么文化。

玉龙桥两侧的桥联已经有些模糊不清了，依稀可辨别。东边的桥联是："旧主是玉山，看雁齿重排，一片岚光相映带；名区推娄邑，认虹腰三折，千年地脉自绵长。"这口气真的是豪迈又自信，开口"千年地脉"，闭口"名区娄邑"，将玉龙桥的台阶称为"雁齿"，玉龙桥三个桥拱称为"虹腰三折"，有一种"天上人间，我为正主"的天然优越感。

再看看它西边的桥联："门对宾曦水，汇三江，成锁钥；场连选佛路，通八达，便舟车。"玉龙桥就是玉龙桥，是城市最中心的

玉龙桥南境

桥，是最繁华地带、人烟最稠密、商业最发达区域的桥，所以自矜为"门对宾曦水"。锦溪北观音桥"百善孝为先"的传统，周庄全功桥的"地脉灵"的夸耀，到了玉龙桥这里，就有点接不上话了。

玉龙桥为花岗石质地三孔的拱桥，长有40米，宽4.3米，中孔跨度11.8米，两边跨度各7米，高7米，南北引桥为15.6米和11.5米。桥面中央的桥心石上，有八卦风火浮雕的图案，不知道这图案是何朝何代留下来的。在桥梁中心石头上留下这样的图案，表达的可能是"水火既济"的周易理念，祈求桥梁永固，渡桥人永安之意。

昔日，玉龙桥北堍的东门街曾是昆山最繁华的商业地区，沿街河埠设满了店铺、酒肆、茶坊。清康熙《昆山县志稿》记载：玉龙桥南面有一寺院，院内设有东、西禅堂和大悲阁等，是昆山最大的一座寺院。"邑之新创梵宇，唯此最巨。"寺院是古桥最好的搭档，它们往往会不期而遇，共同构建一处繁华的风景。

可以想象一下长短不一的各色的酒招，米铺、茶铺、酱铺、干货铺、糕铺一个接一个，车水马龙，人流穿梭，舟楫往来的那种繁盛的烟火气息。寺院的钟声，人间的烟火，多少昆山人的旧梦在这里啊！热气腾腾的

玉龙桥拱券

玉龙桥东侧

奥灶面，在这里揭开了大锅的盖子；绿油油的青团子垒得高高的，诱惑着船上饥渴交加的胃。

归乡啊，怀思啊，这就是昆山的印象，故园的梦啊！

尽管那种热闹繁华的梦境已然沉入云烟，但是生活的气息还留在这座桥上。沉默而沧桑的古桥低着头，饱饮着娄江绿色的水，开始潜入这里的高楼之间。后人依旧从它这里经过，一如南朝时候前人经过的步伐；后人依旧站在它背上看风景，一如唐宋的前人、明清的前人站在它背上，手抚桥栏看风景一样。玉龙桥高大而沉厚，气势雄伟，似卧波长虹，与古老的玉峰山遥遥相望，它们的沉默，它们的话语，生命太过短暂的人类听不太懂。

但是，那份乡愁，那份童年记忆，那份水乡特有的景致，却如同画图，铭刻在心里。

富春桥

富春桥俗称"高板桥",位于昆山市玉山镇北后街与东塘街交会处,周边有东采莲街、西许文塘、北东门街、南北后街,该桥南北向,跨于东塘河上。

东塘河连通昆山古河道娄江,也就是至和塘,西承苏州诸水,北纳阳澄巨浸,南汇吴淞、澄湖,下接浏河入海。这也是贯穿东西的一条重要的交通航线,又处于密集的居民区,它的重要性不言而喻。

富春桥远景(由西向东)

富春桥西南堍

东塘河最早是一个池塘,后来筑塘成河。这里非常容易淤塞,从北宋至和二年(1055),至民国二十三年(1934),前后疏浚27次,均以修补为主。

富春桥最早是一座木桥,始建于明洪武三十年(1397),由知县梁端修造。正统三年（1438）重修，将原来的木桥改为石桥。桥下有尚书周忱、知府况钟题名，邵钫献铭记。到了清乾隆十四年（1749）、道光四年（1824），又经历了两次修缮。

现存的富春桥长32米，宽5米，矢高4米，净跨8米。桥的建制，以拱券分节并列式砌筑。由于经历了不同朝代的多次修缮，富春桥的风格很独特，它不属于某一个时代的风格特征，而是集中了多个时代的建筑特点，整座桥梁造型精巧美观、古朴端庄，别具一格。

整座桥还是沉稳的淡淡的赭褐色，石栏杆上有很多柱头，如同桥的花冠一样，低调而美，并不张扬。栏杆两侧接近引桥的地方，都镌刻有美丽的花纹，花瓣向外敞开，雍容富贵的模样。桥的西北方，有台阶缓缓而下，直通河道，很有亲水的空间，令人悠悠怀想。这个宽大平稳的台阶和上面的富春桥，构建起一个高下相应、曲折有致的立体空间，下面可以小船悠悠，上面可以春波照影，加上岸边花树盛开，绿荫掩映，独有一份春天的惬意。

民国时期，为了方便黄包车通行，居民将桥面改为斜坡路。1997年重新修复，恢复原状。1997年，该桥被公布为昆山市文物保护单位。

昆山，乃至全国，只要是桥梁，都有一个祥瑞的名字，或者以"富"，或者以"安"，或者以"春"，或者以"泰"，或者以"平"，或者以"福"……总之都是国泰民安的福祉，来定位一方地域的生活。富春桥也是这样，不管是春暖花开，还是富贵安泰，都是对吉祥生活的期盼。600余年风霜雨雪，它依旧巍然屹立，传递着对这方地域美好的祝福。

富春桥北堍

太平桥

太平桥位于昆山市开发区蓬朗镇蓬朗村北梢，东西向，跨于瓦浦河上。北近前近路，西近石予路，南近育才路，东近毛家宅。

太平桥

这是一座明代的单孔石拱桥，桥长17.6米，桥面宽3.3米，净跨7.9米，矢高4米。这座桥初建于明万历三十年（1602）。桥拱用整整齐齐的青石铺砌，平整而规则，拱券纵联分节并列砌置，有捐助者的姓名刻石。桥面是花岗石桥面，也带着岁月的痕迹。

太平桥

这座桥，也是被不断修缮的桥梁，所以从修建之初到现在，它的风貌也是不断变化的。比如现在的桥栏，就是1985年增修的。在

1985年之前，它应该是一座没有桥栏的石拱桥。

这座桥最早应该是有桥联的。在古桥的两侧，有桥联的痕迹，但是因为年久，已经没有字迹了。它紧邻民居，至今还有着乡村的浓浓烟火味道。2009年被公布为昆山市文物保护单位。2010年被列入政府实事工程进行了再度维修。

江南地区有"正月十六走太平"的风俗。每年的正月十六这天，城内万人空巷，四乡八邻扶老携幼，倾家出动，从清晨到深夜，数万人出行，到太平桥上走一走，表达一种逢凶化吉、消灾祛病、平平安安的新年祈福。

永福桥

永福桥又名"启秀桥"，俗称"北大桥"，位于昆山市千灯镇北大街。进入千灯古镇景区，就能看到它长虹高卧的样子，高大雄伟，横跨于尚书浦上，如同千灯古镇坚固的门户。

永福桥

隔了几百年，气势依旧如虹。想见当年风姿，也是如此。

永福桥初建于明天启年间，崇祯元年（1628）重建，清乾隆五十二年（1787）再度重建。

尚书浦又名"千灯浦"。南起淀山湖，北入吴淞江，从千灯镇横贯而过。这条河是千灯的主要动脉，也是千灯镇最重要的水上交通枢纽。大大小小的船只满载货物从这条水道出发，各种各样的商品也沿着这条水道进来。对于枕河而居的水乡来说，这是经济最繁盛、商业最发达的地带。

尤其是元代通海贸易十分发达，尚书浦的水量很大，利于承载量大的货船通行。据说郑和下西洋的船只，就是从这里出发入海的。这就可以理解，为什么尚书浦上面的永福桥等桥梁，看上去要

永福桥

比其他河流上面的桥梁都更高大些。

总而言之，尚书浦对于维系水乡古镇千灯经济的发展以及民生福祉，有着重要的意义。

尚书浦先后经历过5次疏浚，即南宋淳熙十三年（1186）、元至元二十八年（1291）、明建文三年（1401）、永乐二年（1404）、万历十六年（1588）。除了遇上水患灾难，差不多就是一百年疏浚一次。

疏浚河流关系民生，往往是朝廷里面首屈一指的大事。因水结缘，也会有很多朝廷大员因为疏浚河道到昆山来。北宋年间的王安石是这样来的，明朝的夏原吉是这样来的，清朝林则徐也是这样来的。明永乐二年（1404），工部尚书夏原吉负责管理疏浚河道的大事，知县芮翀协力疏浚。千灯这个偏僻水乡，难得迎来这么有声望的朝廷大员，于是骄傲之余，给千灯浦改了名字，用官职来称谓，就变成"尚书浦"了。

名字一改，身价仿佛就高了，也有了人文的气息，书香气十足了。尚书浦从此就更加有气势，尚书浦上面横跨的桥梁，高大巍峨，雄伟壮丽，一块块方整的红砖平平整整地铺设在一起，诉说着身份地位的卓尔不凡。

永福桥外观非常气派，桥体高大。整座桥由花岗石砌筑而成，单孔石拱桥，拱券采用纵联分节并列砌置。用青砖花岗石石条砌桥栏。蓝红相间，既有悠悠古意，又肃穆端庄，给人气宇非凡的感觉。桥长36米，桥面宽3.8米，净跨10米，矢高6米。桥栏的两侧都有祥云状护栏装饰，气派又不失优雅。

永福桥石刻

永福桥桥联下联　　　永福桥桥联上联

如果从桥的引桥往上观看，永福桥给人一种高大雄峻的既视感。它的空间位置是居中的，高度也是出众的，所以有"横空出世，唯我独尊"的睥睨万物的气势，不像其他的众多桥梁，都以友好屈尊的态度，和附近的民居相狎溺，和花树青苔相交错。甚至骄傲矜持的玉龙桥，都有一点深入民间烟火气息。而永福桥显然有点骄傲，也有点不可仰视，它也和周围的流水人家组建特有的江南风景，但是它一定是独占魁首的那一个。

永福桥的桥联，是这样写的。南桥联："一曲长虹，欣看气象聿新，南浦群推儒者冠；半钓皎月，静观溯流依旧，北风时系古人思。"虹桥卧波，观览地方气象，独钓半江明月，写出优雅闲情。这桥联表达的是一种崇儒崇文的思想，也有散逸恬淡的世外之思。清雅不俗，超逸绝尘。

北边的桥联是："虹彩耀文明，团团声聚，万家塔影三峰左右祖；左梁幡巩固，滚滚源游，千载淞风淀水古今流。"这应该出自现代人之手，表达了一种美好的意愿。2004年，这座桥被公布为昆山市文物保护单位。

种福桥

种福桥原名"西庄桥",俗称"南大桥",位于昆山市千灯镇尚书浦上。很明显,这座桥与永福桥名字、外观、年代、材质、风格都高度一致,应该是同生同长、同建同修的"姊妹桥"。

种福桥始建于明代,现存的种福桥为清道光元年(1821)重建,为花岗石质地单孔拱桥,东西走向,全长31米,宽4米,净跨10米,矢高5.3米。此桥最大的特点是拱券采用纵联分

种福桥

南桥联下联

南桥联上联

节并列砌法,由7节拱石分段砌成,其截面形式高于一般拱桥,整个拱券呈双曲形。因此这座桥与其它石拱桥相比,不仅外形更显精巧美观,而且承重能力更强。

北桥联下联　　　　　北桥联上联

现在，种福桥的两边桥栏已失，整座桥有点落寞地伫立在村落一侧，带着古朴的品质，俊秀挺拔的姿态，明月兼葭，追忆过往。

值得一提的是，南北桥柱上的楹联如同新镌一般，清晰可辨。南桥联是："虹彩亘长空，柳市南头，夜半钟声梅隐近；龙梁凭远眺，江流东去，日斜帆影淀湖遥。"写得很有诗情画意。种福桥如同长龙，如同彩虹，长空之中，江流之上，伴随日月帆往，陪伴梅花疏影，遥望淀山湖，静听寺院钟。如此笔下，桥也有了绰约风情一般。

北桥联是："壤地接凝薰，叠锁重关风水，固万家生聚；人天同证善，博施济泉川涂，巩百载津梁。"赞美桥梁的地脉风土，坚实牢固。2004年，该桥被公布为昆山市文物保护单位。

吴家桥

吴家桥位于昆山市千灯镇尚书浦西。明代初期，一位吴姓卖浆翁在此建造了一座木桥，因此得名。

木桥出身，然后过渡到石桥，这样的身份转化对于水乡古桥来说

吴家桥

也不是什么稀罕事，很多小桥都是这样来的。但是这座吴家桥别有一种悠悠情韵。它的建造者不是一个经商巨富的商人，而是一位卖浆的老翁。中国草野，多以"贩夫走卒，引车贩浆"形容底层生活中最卑微、最基本的生存方式。卖浆的老翁将热腾的浆水一锅一锅烧制出来，一壶一壶舀出去，然后换成纹银，建造了这座木桥。

这座木桥的出身自然不高贵。可是这暖暖的浆水味，让这座桥从诞生的时候就充满了故事，充满了人间的烟火味，也充满了一个朴实本分的乡里人对于家园的呵护。

一座令人感动的木桥，无声无息地让走在上面的人学会了感恩。

这是一座能够赋予人爱和品质的桥。人们为了纪念老翁，取名

"吴家桥"。我们相信，在江南的水乡，在水乡的昆山，这样的桥不知道还有几十座、几百座，它们大多已经没有了名字，只留下了纯朴善良的温度。

明万历三十八年（1610），有乡人名沈淞源，这又是一个行善积德的人，把木桥改建成石桥。清康熙年间，又进行了一次重修。2004年7月，该桥被公布为昆山市文物保护单位。

现存的吴家桥，由花岗石打凿而成，为单孔拱桥，东西走向，桥长32米，宽4米，净跨9.3米，矢高5.8米。拱券采用纵联分节并列砌法，板式栏杆，为典型的清代石拱桥。

吴家桥桥联

吴家桥

这座桥体量高大，雄健挺拔。桥石斑驳，缝隙间伸出枝藤无数，更添了些苍翠。桥的南北原各有桥联一副，南右侧："创建在前明利济，（福）归吴沈氏。"北左侧："重建仍旧贯交通，惠及万本人。"仔细辨别分析，这应该正是一副桥联。作联的人应是在吴家和沈家之后修桥的人。

上联的意思是：吴氏家族和沈氏家族，为了方便渡河"利济"，所以创建在先，祈福要把所有的福气，都归于吴姓和沈姓人家，即那位卖浆的吴家人和后来重建桥梁的乡人沈淞源。

下联的意思是：本人重新修建桥梁，也是为了能够贯通交通，但是不能和先建桥的吴家和沈家争功，

人家珠玉在前，所以有
祸患还是归我方所有。

在古代，修桥补路
被认为是行善积德、泽
被后代的尚义之举，谚
云："烧香拜佛求安身，
修桥铺路为子孙。"有能
力的人家，积攒银钱造

吴家桥

桥铺路，造福乡梓。有的有功利的思想；更多的是为了方便乡邻，也
方便自己，并没有功利之心。这副桥联表达的思想，就是这样的高
尚义举。如果修桥能够有好处，那么好处应该归于前面的首建者；
如果有祸患，那么就归我。从这里来推测，后面修建桥梁，并且留
下这一副桥联的人，应该是姓万的乡人。

一座桥，连接了乡里乡亲，这是桥的品质。一则修桥的故事，连
接了村里人的纯朴善良，无私无所求的美德，那么这座桥，该是怎
样一个动人的思想的载体啊！

建筑如同沉默不语的石书。古代的千灯，一定是一个纯朴自然
的美好村落。

语言，不一定需要说出来。无声的对望，心灵的感悟，通过古
代的石桥，也是可以达到古今交汇的。

稍里桥

稍里桥

　　稍里桥又名"万安桥"，位于昆山市张浦镇南港稍里村。始建于清顺治年间，由乡人谭仪、邱渊出资建造，康熙年间重修，道光二年（1822）、咸丰十一年（1861）又分别进行了修建。

　　这座桥是花岗石质地的三孔拱桥，东西走向，横跨于张漫泾上。桥身长40米，宽3.6米，高4.9米。桥拱左右对称，旁侧呼应，中孔跨度为9.8米。相邻的东西两孔跨度分别为7.6米、7.3米。

　　这座桥的独特之处，在于桥的建构十分精巧，与众不同。面对一片宽阔的水面，凌空架设一座高大宏伟的石桥，势必需要相当多的物力财力。张漫泾就是这样一条宽度很大的河流，但是对于这一带的村落来讲，并不需要一座特别大特别长的桥梁，因为这是一个相对并不繁华，也没有太多商贸来往的地方，桥的用途，只是方便居民来往过路。

　　于是，村民灵巧地构思，设计了最合乎他们需要的桥梁：稍里桥。

　　我们看到，稍里桥的主体。是横跨在河面正中的，这和其他的桥梁一样。但是稍里桥的桥引和其他桥不同。它们并不和其他桥那样，延伸于桥的对面，和主体结构相接，而是直接进入水体，成为桥梁主体的一部分辅助。稍里桥东塊的引桥，长度有12米，西塊

稍里桥

的引桥，长度有24米，前后引桥有36米的宽度，架空在河面上，从而形成了类似"空中飞毯"式样的桥梁模式。

这样的设计，显然是为了节省成本。千灯最长的永福桥，长度也不过36米。锦溪最长的宝带桥，长度也只有52米。而张漫泾这里的居民，要面对的河流宽度，差不多是76米。这么宽阔的水面，造出来一座76米长的大桥，显然是无法想象的。

民间的智慧就在于想出一个最合适的方案。于是，桥引架在水面上的特殊建制，在这里产生了。虽然这样做，更多的考虑是成本问题和过宽的水面产生的矛盾，但是这样的构建，让稍里桥变得非常独特而优美。不说桥栏杆上镌刻的精美大气、线条圆润的花纹，整个桥身加上平直而绵长的引桥，就如同一条纤巧秀丽的长龙，铺架在长长的水面上。桥下碧绿的植被平铺十几米，如同茵茵绿毯，将桥梁点缀得十分秀美可爱。

月白风清，芦苇摇曳，桥下河水碧波荡漾，桥畔水草幽花独放，幽谧的自然之色，悠悠的稻香荷香，整个世界，都为它而沉迷。

正仪的桥

景福桥

景福桥

　　景福桥，旧名"中新桥""中津桥"，位于昆山市正仪老街寿安桥东，东西走向，横跨于渭塘河上。西接下塘街，且正对硕士街正仪成人教育中心。

　　景福桥为花岗石质地，单孔拱桥，拱券纵联分节并列砌筑。桥拱两侧顶石正中，有阳刻正楷镌刻的"鼎建景福桥"五字。古老的槐树，斑驳的民居墙壁，绿萍漂浮的河水，形成一幅沧桑古老的画卷。

　　景福桥最早也是木桥。清康熙四十六年（1707），里人朱光远改建为石桥，徐昂发曾为建桥作募捐。桥长24.4米，宽2.42米，净跨7.4米，矢高4.25米。景福桥的南北两侧均刻有桥联，其中只有一联字迹清晰，两联部分可识，一联已隐于后建的墙缝中。2009年，被公布为昆山市文物保护单位。

景福桥桥联

景福桥两侧，均为繁华的民居或商铺，人声喧闹。桥东以老房子居多，如今纳入老街的规划保护当中，又是景区之内，商业也很繁华。景福桥"闹中取静"，以沧桑古老之态，现身于繁华老街之中，如同古木发了新枝，翩翩然有了生机。

广灵桥

广灵桥

广灵桥旧名"二石桥"，位于昆山正仪镇绰墩村。始建于明万历四十年（1612），为本地炉灶浜村人、万历二年进士、湖广巡抚支可大之孙支守礼建，今仅存《建桥记》碑冠，碑身已经丢失。于清代重建。

广灵桥所在位置，正是元代顾阿瑛所建的"玉山佳处"的金粟庵遗址。顾阿瑛是元末明初人，他当时为了躲避张士诚的逼迫，只能出家，在自家祠堂中建了一个金粟庵，自称"金粟道人"。明万历年间，佛教信徒又在金粟庵原址上重建寺院，取名"广灵庵"。广灵桥的名字，也由此而来。

现存的广灵桥，为花岗石质地，单孔拱桥，长21.8米，宽3.1

189

米，矢高4.05米，净跨7.74米。桥的东西两侧，分别镌有"种福广灵桥""积善广灵桥"楷书字样，线条流畅圆润，图案清晰完整。桥畔树木苍翠蓊郁，桥下睡莲和菖蒲铺满河面。

广陵桥下面的河有一个非常独特的名字。这是傀儡湖通往娄江的一条小河。因为绰墩山曾经是黄幡绰的墓地，这里也被戏班当作圣地，在戏曲繁盛的明清时代以及民国时代，每年都有戏班在这里集聚，免费演出来纪念黄幡绰，保佑戏班兴旺发达。戏班划船而来，排队经过，在这里暂时歇息，更换行头，所以这条小河也叫"行头浜"。

那时的广灵桥，见惯了风花雪月，听多了笙管歌板，真是见过世面的古桥。如今风水悠悠，繁华过去，只剩下了往事如烟。想来它心里，那悠悠笛声，至今还在石板上空缭绕不绝吧！

名人故居

灵山秀水，故居里留下的笔墨春秋

顾坚纪念馆

在明代曲圣魏良辅所著的《南词引正》上，有这样一段话：

元朝有顾坚者，虽离昆山三十里，居千墩，精于南辞，善作古赋。扩廓帖木儿闻其善歌，屡招不屈。与杨铁笛、顾阿瑛、

顾坚纪念馆顾坚像

倪元镇为友，自号风月散人。其著有《陶真野集》十卷、《风月散人乐府》八卷行于世。善发南曲之奥，故国初有"昆山腔"之称。

这是迄今为止在文献中发现的有关顾坚的所有文字。顾坚的朋友杨铁笛、顾阿瑛、倪元镇等，都是玉山雅集的常客，也都有其他的文字材料和作品传世，相互之间也有诗作相和。唯独没有发现顾坚的作品。长期以来，学术界尝试从顾氏家谱入手，寻找顾坚的踪迹。据鲁德俊先生发表在《昆山日报》的《昆山腔创始人顾坚世系》一文，清顺治刻本《重修顾氏大宗世谱》中，就列有昆山顾坚一支的世系表，并说顾坚是国子生，他有一位族伯叫顾敬，字思恭，号灌园翁，也与顾阿瑛、杨维桢、倪瓒为友。另，今南京图书馆所藏的《南通顾氏家谱》，也列有昆山顾坚一支的世系表，并说明

南通顾氏是因"元季兵乱"才从昆山迁往南通的。综合两谱，我们可将顾坚的世系表大致排列出来：

这个顾氏家族最早可追溯到顾巽之。他生有二子顾璩玉、顾瑶玉。顾璩玉生顾敬、顾严。顾瑶玉生顾贤、顾高、顾庄。顾贤生顾鉴、顾坚。简而言之，顾坚的曾祖父是顾巽之，祖父是顾瑶玉，父亲是顾贤，长兄是顾鉴。

顾坚，大约生活在明洪武元年（1368）前后，元末明初的诗人、曲家。他精通音律，能够创制诗文曲赋。元朝将军扩廓帖木儿听说他善歌，想招募他，他却不肯趋炎附势，可知气节很高，应该是一位儒家士人。"与杨铁笛、顾阿瑛、倪元镇为友"，顾阿瑛是苏州富豪，也是昆山名贤，杨铁笛和倪元镇都是当时声名很大的诗人、画家，能够和他们结交，应该说，顾坚的成就也很高。他的作品《陶真野集》《风月散人乐府》虽然都已经遗失，但是可以推测，这些作品对昆山腔的形成有过很大的推动作用。

自黄幡绰以来，昆山一带就流行一种昆山土腔的音乐调子，只

顾坚纪念馆门楼

是由于长期民间化，会比较粗陋一些。经顾坚改良的昆山腔，摒除了很多南曲的浅陋，形成了一种比较流利悠远、听起来悦耳动听的新昆山腔。这种新昆山腔很受欢迎，不仅昆山人演唱，苏州地区乃至南京都有人演唱。昆山腔开始走出昆山和苏州地区，以至于到了明朝初年，朱元璋还好奇地询问昆山人："朕听说昆山腔很好听，你们会唱吗？"

也就是说，在朱元璋建立明朝的时候，昆山腔已经有了一定的规模

和知名度，所以朱元璋才会询问这种声调。这里面少不了顾坚的功劳。在这个意义上，顾坚被称为"昆腔鼻祖"当之无愧。

为了纪念顾坚对于昆曲的贡献，在千灯古镇区棋盘街，当地政府

顾坚纪念馆堂楼

建起了顾坚纪念馆。顾坚纪念馆所在地原是一座清末民初的古建筑，先后被用作银行、文化站、镇工会的办公和活动场所。现在的纪念馆面阔五间，墙门式楼面结构，在纪念馆的下滩，还保留着棋盘双井格局。中间有通道，通过通道，可以进入第二进。第二进前面是天井，南北两侧有楼式厢房，楼上部分南北贯通。在江南水乡，这样的建筑并不罕见，大体如此，树木往往屈曲盘旋，井台旁边的地面上爬满青苔，静静的，小小的，有一种幽谧感。

第二进整体是堂楼式厅楼结构，在这里，恢复了南北家庭式厅堂演出的场所。南端建了一个古典式的小型戏台，厅堂设有观看演出的座位，虽然不大，却精致端方，适合小型的演出。闲暇之日可以坐下来，一边喝茶，一边听评弹，如果来得凑巧，还会遇到哪个昆曲名角上台，或者粉墨彩妆，或者清曲一首，吟唱一段。

厅堂二楼，是纪念顾坚的一间陈列室。这里有蜡像、匾额、抱柱对、陈列柜。这里一共分三部分内容：第一部分，是元末明初时期的南戏剧目蜡像；第二部分，是明代昆曲四大名剧；第三部分，是中国戏曲发展史。其中布展的内容，是历代戏曲的唱词和历代曲调演变的历史陈列。

中国五千年戏曲发展史，包括原始社会舞蹈、傩戏，春秋时期象人，东汉王公，南北朝踏摇娘，唐代参军、钵头、傀儡戏，宋代各

类花鼓戏，元代元曲演出和四大声腔的演唱，明代昆曲，以及清代百戏的模型陈列，都在其中，内容非常丰富。

顾坚纪念馆演出厅

厅堂后面，是一座很小的、四面临墙的花院和后屋，里面栽种着桃树。如果去的时候恰好是春天，那么一不小心，就可能沾染一身桃花的粉艳，或者看到缤纷坠落在脸盆大小的小池塘里的桃花雨。

这座顾坚纪念馆，是以昆曲为主题进行布置的，有很多和昆曲有关的陈列品，如乐器、剧照、曲谱、戏剧人物图，《长生殿》《十五贯》《浣纱记》等曲谱也都摆放于此，让人耳畔笙歌不绝，拍板清脆，雌雄双笛的清越之音缭绕不绝。舞台，灯光，水袖，粉末，遐想联翩，应接不暇。

那是旧日里的笙歌，一个时代民族情感的寄予。在观览这些陈设的时候，一个时代的风尚，旧日昆山的水墨风韵，一起在脑海中升腾，回味。

陈三才故居

陈三才故居，位于昆山市锦溪镇下塘街的敦和里2号，黄公桥北堍。始建于清朝末年，陈三才祖辈都居住在这里。新中国成立后，陈宅沿街建筑曾作为中国人民银行吴县支行用直营业所陈墓镇分理处。

陈三才故居

现存堂楼三座，砖木结构，木制满天星半窗，硬山式顶，花岗石柱础，院内有砖细门楼一座，水作工艺精细，宅院内东南角有一古井。建筑总面积949.03平方米，基本保存原有风貌。2009年，被公布为昆山市第四批文物保护单位。

陈三才，清光绪二十八年（1902）出生于锦溪敦和里，父亲陈文海为自己的第五个儿子取名定达，字三才，号偶卿。陈文海到苏州买了宅院，青年陈三才也被送进苏州元和高等小学读书。毕业后到了苏州草桥中学，14岁被保至送北平清华学校留美部中等科学习。1919年，丧权辱国的"二十一条"签订，北平学生掀起了一场轰轰烈烈的爱国运动，陈三才投身其中。毕业后到美国东北部的马萨诸塞州伍斯特理工学院攻读电气工程科，并获得硕士学位。1926年底，

陈三才　　　　　　陈三才

怀着实业救国的梦想，陈三才回到了祖国。

陈三才选择在上海创业，和一位美国工程师一起创办上海美商北极公司，他担任总经理，成为上海滩风云商业人物。

有着救国梦的陈三才积极参加社会活动，被推选为上海联青社社长、上海清华同学会会长。淞沪抗战前后，陈三才组织归国华侨救国会召开临时救国大会，发动归国华侨为抗日募捐。所得捐款交上海救国会朱庆澜将军转交东北抗日义勇军，并积极投身抗日运动，做了大量工作。

随着上海沦陷，国民政府迁都重庆，陈三才的行动目标改为炸掉汪精卫在上海的76号特工总部。76号特工总部位于上海公共租界越界筑路西区的极司菲尔路76号，臭名昭著，血债累累，中国人民对其恨之入骨。陈三才出钱秘密购买了炸药，多方打听76号内部虚实，利用自己富商的特殊身份打通租界关节，把炸药偷运过来，埋设在极司菲尔路76号和74号之间的泥沟里。但是76号特工总部突然警觉，加强防卫，一般人根本无法再靠近，使原先埋下的炸药也无法起爆。这样，炸掉汪伪特工魔巢的行动计划最终不得不半途流产。

但是，陈三才并没有放弃这个计划。他把锄奸的目标直接转移到了汪精卫身上。他秘密从美国购买了威力巨大的穿甲枪和能发射子弹的拐杖，分别藏在公司的仓库冰箱里。当获悉汪精卫准备去由日本人开的北四川河路福民医院治疗时，陈三才预谋行事。但是狡猾的汪精卫突然改变计划，没有去那个医院，计划再次失败。和陈三才共谋刺杀汪精卫的两个白俄人为了拿到钱，出卖了陈三才，陈三才因此被捕，被抓进了76号。

汪伪特工将陈三才押进审讯室，试图从他口中问出同谋或后台。陈三才大义凛然，慷慨以对："男子汉一人做事一人当，我没有同谋。有良心的国人都会这样做的。国贼人人得而诛之。"陈三才遭到严刑逼供，但绝不屈服。甚至汪精卫亲自拉拢，委任他为外交部上海办事处处长及交通部次长等职，都被他严词拒绝。《陈三才烈士殉职事略》明确说："廿八年，入本局沪区担任制裁汪逆精卫之工作，不辞艰险，购求线索，事为运用之白俄所泄，不幸被逮，缧绁三月，备受荼毒。"

由于陈三才是上海滩颇有名气的实业家，很多人多方奔走，积极营救。包括汪精卫内部的周佛海、李士群也认为陈三才罪不当死，打入牢狱即可。但汪精卫的老婆陈璧君心狠手辣，坚持要将陈三才处以死刑，企图杀一儆百。

1940年10月2日下午2时，陈三才被押赴刑场，在南京雨花台慷慨就义，时年39岁。后来，家人将他安葬在上海静安寺路的万国公墓。

1942年，由重庆清华同学会、联青社、中国工程学会等社会团

仁社上海分社部分社员合影（前排左一为成三才）

民国三十五年（91946）
《昆山县忠烈祠记》（陆宜泰提供）

体，黄炎培、顾毓琇、吴国桢、陈立夫等41人发起，在重庆夫子池忠义堂隆重追悼陈三才烈士。陈三才的英名事迹通过《新华日报》《中央日报》《申报》《旦报》等新闻媒体流传神州。

1946年5月，吴县抗战史料编纂委员会搜集整理抗战烈士传记资料，认为陈三才事迹"内容确实，合于本会烈士规定标准各款，应称'烈士'"，并将其资料函送国史馆。12月底，昆山县政府社会科发布公告，计划于翌年元旦举行忠烈祠入祠典礼，在第一批入祠公示名单中，陈三才位列第一。

2001年4月29日，清华大学九十周年校庆时，陈三才的名字被镌刻在"祖国儿女 清华英烈"纪念碑上。在锦溪人陆宜泰多年奔走下，江苏省民政厅于2014年12月8日批准认定陈三才为烈士。

郑振铎先生在他的文章《记陈三才》中，对陈三才的死表示深切的沉痛，他说："战争使我们分别出黑与白、邪与正、忠与奸来。战争使社会的'渣滓'们沉沦了下去，而使清新的分子浮现了出来，虽然那些清新的分子们被牺牲、被杀害了不少，而留下来的都是建国之宝。可惜的是，陈三才先生却永远不能参与这个建国大业了！"黄炎培先生将陈三才比作谋刺秦王的英雄荆轲，称颂他"壮哉三才人

陈三才故居　　　　　　　　　　　　　　陈三才故居

中龙",并写词赞道:"大义感奋冠发冲……民纪廿九秋涉冬,雨花台血翻天红。呜呼杀贼不成兮,君当为鬼雄!"

　　抗日战争虽然已经过去,但是在抗日战争中牺牲的英雄,我们永永远远不能忘记。陈三才被称为"中国的电冰箱之父",前途光明,却有志向要在人生中"加上道德的理念",他放弃自己优越的生活条件,主动承担拯救民族危难的重任,冒着生命危险为民族大义活着,最后功败垂成、英勇就义于南京雨花台,堪称民族英雄,理应受到昆山乃至全国人民的深深敬仰和纪念。其舍弃个人安危拯救民族于水火的革命牺牲精神永垂不朽!

　　当地政府对陈三才烈士非常重视,修缮保存了陈三才故居纪念馆。在他的故乡,人们对这位英雄也非常敬重,每逢节假日或者清明,都有来自各地的人前来祭拜。烈士英灵不散,终于可以安息于此处。

文物可阅读

隐庐: 王安故居

在昆山玉山镇后街下塘24号, 这条幽静少人的小巷里, 有一座略显寂寞的民国时代的民居建筑。这就是隐庐, 门口悬挂的题匾清雅别致, 古色古香, 上面写着"王安故居"。

王安 (1920—1990), 美籍华人, 电脑专家、企业家。这座房子是民国初年建造的, 20世纪30年代初, 由王安的父亲王龙孙租赁作为中医诊所, 以其别号"隐庐"题作门额。主要的建筑就是隐庐, 坐北朝南, 硬山顶, 面阔三间8.3米, 进深七檩7.85米, 檐高2.5米。

王安故居, 现存占地面积258.68平方米, 建筑面积150平方米。2004年, 被公布为昆山市文物保护单位。

王安兄弟二人, 少年时代就在这幢旧居度过。昆山的近民小学 (今一中心小学) 和县立中学 (今市一中) 是王安小时候刻苦攻读的地方。不用说, 这个聪明过人的孩童在学校就表现出了特殊的才能, 最后考入了国立交通大学, 毕业后赴美留学, 成为哈佛大学应用物理学博士。王安从哈佛大学毕业后, 身上只有600美元, 在应聘

隐庐正门

一家电脑公司时，和普通的中国人一样，遭到了屈辱的拒绝："我们是一家高科技公司，你们矮小的中国人，可以到汽车修理厂碰碰运气！"

那个时候的王安，戴着眼镜，瘦骨伶仃，一副弱不禁风的落魄样子，满腹的学问和才华捍卫着他强烈的自尊心。在经历了几场挫败后，王安大胆创办了自己的实验室。谁都没有想到，从这个小小的实验室做起，20年

隐庐内景

后，王安的电脑公司达到鼎盛，年收入达30亿美元，员工3万多人，在美国《幸福》杂志所排列的500家大企业中名列第146位。而王安本人，也以20亿美元的个人财富跻身美国十大富豪之列。

关于王安的成功创业经历，可以说是一场商业上的奇迹。

1948年，发明马克1号计算机的艾肯博士慧眼识英才，把研制新型存储器的任务交给了才来哈佛计算机实验室工作三天的王安。艾肯查阅过王安的履历：年仅28岁，中国上海交通大学的高才生，1945年留学哈佛，从读硕士到获得博士学位仅用了16个月。不出所料，王安成功地用铁氧体材料制成了一种直径不到1毫米的小磁芯。

这个小小的磁芯后来撬动了整个电脑帝国，带来了电脑存储器的一次大飞跃：假如在磁芯里穿进一根极细的导线，就能使磁芯按两种方向磁化，以磁场形式储存信息。王安也意识到这项发明的重

要性。1951年6月，王安怀揣仅有的600美元积蓄，在波士顿南区一间租来的小房间门上挂出了手写的招牌，实验室宣告开业，内部仅有一桌、一椅、一部电话。王安雇了一位推销员，只有一种磁芯产品，是王安自己用电烙铁加工而成的。1952年，IBM公司购买了磁芯的专利使用权，这是王安赚得的第一桶金。

1955年，王安建立王安电脑有限公司，开发对数计算器和可编程计算器，产品大受用户欢迎。1967年，公司股票首次上市，几个小时内即被抢购一空。1975年，首次推出了世界上第一台具有编辑、检索等功能的新型文字处理机。从白宫总统办公室到各州州长办公室都竞相使用这种机器。1976年，王安把公司总部搬到了罗威尔市，建造了一个现代化的计算机制造厂，设计生产VS电脑系列产品。此时，他的公司已在100多个国家和地区设立分支机构，成为举世瞩目的跨国电脑产业集团。

王安博士，成为闻名美国电脑业界的"龙的传人"，名字列于美国发明家纪念馆，成为继爱迪生等人之后的第69位大发明家，并且获得了美国的"总统自由勋章"。1986年10月，邓小平亲自会见他。

那个时候，整个美国，乃至整个世界，都对中国人刮目相看。从来没有一个中国人在经济领域能够成为美国社会的领军人物。很多高档办公楼的桌子上，摆放的都是王安公司提供的电脑，王安被称为"电脑大王"，统治着全世界的电脑殿堂。也就是这个时候，里根总统为王安颁发了"自由奖章"，他被选为全美最杰出的移民，被列入美国发明家名人堂，和爱迪生等世界伟大的发明家一起，接受社会的敬仰和崇拜。

也正是如此，当你走进王安故居的时候，你似乎还能嗅到空气中独特的灵感，你似乎还能在静默的书斋和桌椅中，从质朴潮湿的瓦檐间，读到灵动、睿智的思想和智慧。这位故居的主人，以一个儒雅仁慈的书生形象，为中国人创造了一个多么绚烂的神话。

然而，电脑产业更新变化太快，在到达成功巅峰之后，王安公司却出现严重亏损。王安博士在1990年3月24日走完了人生最后的历程。王安电脑公司正式向美国联邦法院申请破产保护。虽然经过卧薪尝胆第二次创业，几乎还清了绝大部分债务，宣布脱离破产保护，但是这一颗璀璨风靡的金星，却再也无法回到最初的辉煌。

　　一个辉煌灿烂的帝国梦想，却在短暂的10年时间里暗淡收场。这里面的教训，不仅是王安的，也是中国人的。在与国际市场对接的时候，我们需要的不仅仅是高于常人的智慧，更是先进的管理理念和经验。

　　那个时候，王安已经不再风华正茂，有胆有识，他已经患上了绝症，思想也趋于保守。而此时，中国人的理念和思维方式，正在和西方先进的理念和经营方式发生激烈的碰撞。

　　电脑行业日新月异地变化着，故步自封就等同失败。而鼎盛时期的王安电脑公司却没有及时转向更廉价、更有前途的个人电脑，这种产业方向的失败使公司很快失去了优势。更重要的是，王安没有遵守现代化企业的"优才管理"理念，而是延续家族管理方式，坚持让自己的儿子做公司总裁。而面对现代化市场，维护客户利益的政策迟迟没有推出。最终，这个庞大的帝国一泻千里，无法挽回。

　　比尔·盖茨说，如果王安能完成公司的战略转折的话，就不会有他的微软公司，自己现在可能就是个数学家或律师。但王安不相信美国的公司制度，他多次表示："我是公司创始人，我对公司拥有完全的控制权，使我的子女能有机会证明他们管理公司的能力。"但遗憾的是，他的接班人没有抵挡住其他新兴IT企业的竞争。当全世界华人都在企盼王安电脑公司重新崛起的时候，他的公司却在落后的经营理念的引导下走向没落。

　　如今，当我们静静伫立在隐庐之中，望着这座闹中取静的幽僻无人的宅院时，我们依旧会从这位电脑奇才的故事中，感受到深长的遗憾和反思。我们希望能从这位奇才的成功和失败中，获得发展的智慧和力量。

叶楚伧故居

　　叶楚伧故居，位于昆山市周庄镇西湾街19号（周庄古镇景区内）。建于清末同治年间至民国初年，原为五进，现存四进，由叶楚伧祖父修建。叶楚伧曾祖父叶杏江为清朝官吏，祖父叶原甫无意于仕途，在周庄开设叶太和酱园，家道比较富裕，修建了这栋老宅。

　　叶楚伧（1887—1946），出身于周庄书香门第，从小受教于周庄举人陶惟坻先生，深得陶惟坻赏识。光绪三十年（1904），考入苏州高等学堂，学识大进，也开始接受反清革命思想。宣统元年（1909），加入同盟会，柳亚子等人组织革命文学团体南社，叶楚伧是最早加入的骨干力量。他在汕头主持《中华新报》，进行反清革命宣传。后来担任《民国日报》总编辑，抨击袁世凯称帝。北伐战争开始后，先后任江苏省政府主席、国民党中央党部宣传部部长等职，是昆山籍在外影响最大的人物之一。

　　叶楚伧不仅是我国新闻界报业先驱、文化教育界知名人士，也是一位作家、诗人。他学识渊博，气度恢宏，他的道德文章深受赞扬。他曾创办

叶楚伧故居正门

叶楚伧故居

《文艺月刊》，编印《文艺丛书》《读书杂志》等，还著有《世徽堂诗稿》《楚伧文存》以及小说《古戍寒笳记》《金阊之三月记》等作品。

叶楚伧很关心家乡建设，辛亥革命成功之后，他立刻设法给周庄小学寄去钱款，以作奖学金之用，支持家乡的教育事业。他平日里生活俭朴，待人谦和，但是喜欢饮酒，嗜酒成癖。他说："酒中人是性中人，豪放恬祥各有真。"1946年，叶楚伧在上海病逝，终年60岁。

叶楚伧的故居，是典型的仿明式苏州庭院建筑，青砖小瓦配上硬山墙，外加回廊挂落的花格窗。故居坐南朝北，占地面积626.75平方米，建筑面积为633平方米，是叶楚伧创建的南社早期活动的场所。

第一进的门口木匾上，书写着"叶楚伧故居"五字，为民革原中央委员会副主席贾亦斌手迹。

第二进是前厅，即茶厅，也叫"轿厅"，这是叶家招待一般宾客的地方。有落地长窗、五架柱梁，枋上的木雕花饰有锦鸡牡丹、丹凤朝阳、刘海戏蟾等，这些花饰都是仿明式样。墙上有一副对联："青鞋布袜寒哉儒，内涵劲气雄万夫。"这是当年于右任在叶楚伧先生过世时写给他的一副挽联，挽联内容，概括了叶楚伧先生生活俭朴、道德文章深厚的才华品质。

第三进主厅，也是正厅。这里是举办大事的地方。面阔11米，进深9米，檐高3.3米，上悬"祖荫堂"匾额。硬山式顶，纹头脊。前轩的形制有一枝香鹤颈轩、鹤颈轩、船篷轩三种，雕刻有展翅凤凰和花卉图案，红漆描金，非常精美。上面悬挂一副对联："应遗留名文苑传，难忘结客少年场。"这是当年柳亚子先生写给叶楚伧的一副挽联，见之令人伤心。

叶楚伧故居

最后面是四进和五进，这是内堂和后厅，是居家生活起居的地方，厅后的天井里有花坛和水井一口，两厢式厨房和楼梯间，井栏是武康石材质，是元代以前的遗物，大厅和后厅之间有楼层相连通，是卧室。南北均有通排腰窗，窗棂呈小方格，嵌有明瓦片，百姓称为"蠡壳窗"。

在小堂楼上，叶氏后裔捐赠的140余册珍贵古籍，和叶楚伧随身带着的《唐宋诗醇》《韩昌黎全集》《资治通鉴》等线装本书，安然排列在书橱中。大堂楼房内，还陈列着当年的旧式家具，古老的雕花木床，还有两件狐皮大衣，这是叶楚伧先生为办《民国日报》时，由于缺钱而典当过的衣服。

在叶楚伧的故居里，还有一个南社百年书院。南社是由中国同盟会活跃人物陈去病、高旭、柳亚子等于宣统元年（1909）在江苏苏州创立的文化团体。从1909年发起到1949年最后一次雅集，历时40年。南社借诗词酬唱会友，提倡民族气节，发扬爱国民主思想，吸引了一批批爱国文化人士，成为辛亥革命中一支卓有成效的文化大军。这个南社百年书院，陈列了南社的众多书籍、资料。而叶楚伧，正是辛亥革命之际的进步文学社团南社和1923年新南社的重要发起人之一。

在反清、反帝制的旧民主主义革命中，叶楚伧用进步的革命思想武装自己，用酣畅淋漓的笔锋书写了大量道德文章，直指腐败落

叶楚伦故居

后的清廷和军阀统治，激浊扬清，发挥了先进知识分子的思想启蒙作用。这个革命故居的存在，不仅给周庄的历史增加了一份厚重感，也给整个昆山的旧民主主义革命历史，增添了重要的一抹绚丽。

叶楚伦故居，1997年被公布为昆山市文物保护单位。2011年被列为江苏省文物保护单位。

胡石予故居

　　胡石予故居，位于昆山市蓬朗镇栈泾东路1号。这座古老的宅院兴建于清同治七年（1868），被称为"江南三大儒之一"的著名南社文人胡石予就曾居住在这里。这座故居一共有五进，坐东朝西，现存一进，面阔15.6米，进深5.6米，檐高5.5米，硬山顶。整座故居占地面积有260平方米，建筑面积约156平方米。1991年7月，被公布为昆山市文物保护单位。

　　胡石予（1868—1938），名蕴，字介生，号石予，近代南社诗人、画家、教育家，昆山蓬朗镇人。胡石予受到昆山的读书风气影响，从小就和当地的才子成立诗社，一起作诗，编辑了《蓬溪诗存》。他的书斋名叫"听秋小筑""容膝轩"，表达淡泊之志。

　　胡石予学识渊博，术业精深，能诗擅文，书画、金石篆刻，靡不佳妙。其诗清淡闲适，神似陆放翁。1912年入南社，被尊为南社诗翁之一。文人有才华又有品德，有志趣又有雅好，有激扬文字、拯救国难的鸿鹄之志，又有安居田野、造福桑梓的高士恬静

胡石予故居

胡石予故居

心态，在诗境、人境、画境方面达到至善境界的，近现代昆山文人大儒之中，怕是只有南社大儒胡石予一个人。

胡石予中年任教于苏州草桥中学，从事教育工作数十年，门生弟子遍天下。著名教育家叶圣陶、著名历史学家顾颉刚、著名书画家吴湖帆、著名雕塑家江小鹣、著名文学家王伯祥、著名作家范烟桥、著名书法家蒋吟秋、著名文史掌故作家郑逸梅、著名图书馆学家和书法家顾廷龙等，都出自他的门下。桃李不言，下自成蹊。通过这些胡石予教诲下走出来的教育、历史、书画、文史、文学名家，我们看到的是一位名师品格的高迈和雍容。

有人总结胡石予的品格："爱国、博学、俭朴、至孝"。但是这些词显然看起来太单薄，胡石予的品格更像是泥土一般敦厚，"上善若水，厚德载物"那样淳厚，用深沉、浑厚的人格来树立，用丰厚渊博的学识学养来滋养，用传统的儒家文化来培育，胡石予就是这样一个人格淳厚又完美的大儒形象。

郑逸梅曾不止一次说起胡石予老师"言教身教，兼施并举，影响是很大的"。叶圣陶先生在90岁高龄时，为胡老师遗著所作序言，也对这一点做了肯定："清末肄业于苏州公立中学五年，受业于介生夫子者三年，所受学科为国文。而七十余年间自省，受用者乃远越于国文。盖夫子崇德笃行，布衣蔬食，其不言之教，当时门弟子莫不敬而慕之，且以律己。"著名国学家金松岑评论说："并吾世负文学资性，足推崇者，大江以南得三人焉。曰武进钱名山、昆山胡石予、金山高吹万。"故世有"江南三大儒"之称。

胡石予才华充沛，是"天赋其才"。天赋
其才，加上自身诗痴一样的勤奋好学，"观书
常误会餐期"，"四壁纵横五千卷，一楼坐卧
十三年"，他的诗歌风格就能够独树一帜，形
成自己的特色，金松岑评定为"诗骨清而不
染时习"。他的诗歌，在当时的南社、当时的
江南，都产生了比较大的影响。

胡石予

作为一代文儒，胡石予内敛、含蓄、深
沉、敦厚，淡泊名利；但是知识分子的高度责任感，让他也非常关心
国事。他的《秋风诗》，是为民国时事而奋笔讴歌，激扬着嘈呶铿鍧
之声。他不是一个纯粹的、只关心写诗的文人，他以"诗"为手段，
通过写诗来关心民瘼，表达民众情绪，参与政治改良、社会变革，推
动国家进步，以此提振民气，拯救国家，这是胡石予先生对时事所
抱的爱国之心。

1911年10月10日，武昌起义，电达全国。这个振聋发聩的消息，
令全国人民非常振奋。胡石予的第一首《秋风诗》，就因此而抒发：

秋风吹客动高吟，江汉潮流发大音。纷递友书连牍写，多沽村酒
满瓯斟。移山已竭回天力，誓日无忘报国心。慨想神州蒙豪杰，救时智
勇尽深沉。

随着袁世凯称帝，胡石予越来越失望。

北望中原万里阴，干戈依旧日相寻。升平进讲公羊义，行路皆知司
马心。不恤万年铸白铁，且看一辈写黄金。健儿血肉原无价，换得共和
力自任。

胡石予密切关切着时事的动态，每当一个快报或者振奋人心的
喜事传来，胡石予就抑制不住激动之情，奋笔疾书。这样下来，《秋
风诗》就如同一则记录时事的日志，从辛亥革命武昌首义，到袁世凯
担任内阁总理大臣，到张勋复辟，武汉风云，黄兴起兵，到南京乃至

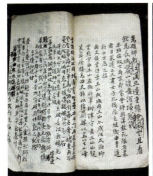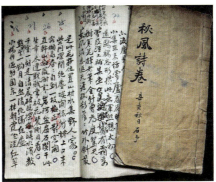

胡石予手迹

全国各地相继光复，两个多月各个时期发生的重大事件，一一记录在案。一直写到清帝退位、孙中山成为临时大总统。

《秋风诗》散发着激越、豪放、振奋、腾达的时代之音，不仅记述了当时的时事，还以鲜明的态度和是非观念，对社会事件进行评论，表达了民众对时事的观点和态度。胡石予的《秋风诗》和每天的诗作开始都发表在陈去病所办的《民苏报》上，陈去病每天捧读，日日均有嘤呓镗鞳之声，不禁连连击节，赞赏不已。

胡石予的内心，是有儒家的"安天下"的使命的。正如他《秋风诗·自序》里所说："秋风秋风，迅厉迅厉，振落枯槁，天地义气……非曰自娱，直当言志。知我罪我，我心不系。此石予《秋风诗》之所由作也。"

胡石予的《秋风诗》，在当时起到了鼓舞民心、支持革命的舆论效果。胡石予"闻时事而动"，这些诗作在时间上有顺承关系，及时真实地记录了那个时代，有着"史诗"的性质。这些诗作反映了以胡石予为代表的知识分子对当时时事的态度和反应。这就让《秋风诗》成为记录那个时代以昆山为中心的江南民风民情的代表。

胡石予擅长绘画，最爱的是画梅。他非常喜欢梅花，只要听到哪里有梅花开放，他就去寻幽觅胜，欣赏梅花。梅花的品貌和精神，似乎成了胡石予本人的象征。他流传下来的梅花画和梅花诗，也蕴含着他的诗学思想。

胡石予喜欢画巨幅的梅花。有一次南社的王大觉求他画一小册，他说："画梅纸小便无用武地。"生性诙谐的大觉听了一笑，作了一诗调侃道："画梅幅小负君才，却似幽花撑壁开。试问乾坤如许大，可能容得几株梅？"王大觉也擅长写诗，这首诗是对胡石予的调侃，却也写出了胡石予的才气：乾坤浩大，胡石予的才气也浩大。浩大才气容于天地之间，竟然能够撑得起天地。这样的赞许，类似"只留清气满乾坤"，对于胡石予来说也是称得上的。胡石予的正直浩然之气，可充斥天地之间。

胡石予画梅

胡石予的梅花画闻名一时，故事也很多。他看似一老翁，实则很有童趣。他为邻家儿童画梅，童子问何时结梅子，胡石予就为儿童添梅子。有人购买了假的胡石予梅花图，他增添两笔成为真迹。并且题诗说："生前已有假名者，死后可知价值高。笑语王生休懊恼，为君左角一添毫。"从这些梅花诗里，可知胡石予当时的画梅名声，也能够看到胡石予性格的豁达和为人处世的率真风趣。

胡石予一生画了多少梅花，写了多少题画诗，他自己恐怕也算不清楚。他曾有一首《自题画梅润例》说："鳅生画梅三十年，题画诗亦千百首。"之所以有这么多画，是因为"乃者索画人益多，秃尽霜毫如敝帚"。梅花画了很多，毛笔都秃掉了，每一幅梅花图形神毕肖，或依山川，或近幽谷，自有山水的别致、梅花的标格，胡石予见之而爱之，梅花诗多从胸臆中自然脱出。众多的梅花诗，构成了胡石予诗作中别具一格的领域。

抗日战争的烽火到了昆山。已经退休养老的胡石予，被迫避难至自己的老家——安徽铜陵章村。在章村，他思念故土，叹息流离，忍饥挨饿，在悲恨和困苦中度过了晚年的最后光阴。即使是这么艰难的时期，胡石予依旧勤奋不辍，写作了很多《乱离诗》，记述了他在章村的经历，讲述了出外逃难的艰辛、生活的困境和对家乡的思念。他非常思念家乡，有很多诗表达这些思念。"生还家在梦，吾病药难医。""病夫江苏昆山籍，千里避难丧魂魄。自冬及春二月余，卧病日多须发白。"胡石予的《乱离诗》，写出当时江南地区在抗战中被迫流徙的民众的痛楚和灾难，反映了流亡的民众对家乡的思念和老死不能回归的遗憾和感慨。1938年8月28日，胡石予因患丹毒，复染细菌性痢疾，医治无效，病故于安徽铜陵章村。

胡石予去世一周年忌日，他留居上海的门生故旧在沪上法藏寺为他举行公祭。在众多挽联当中，不乏胡石予先生的知音知己创作的。高吹万的挽联是："先生为四十年道义文字至交，如此风规谁克继；笥箧有千百首手写遗诗原迹，于今劫后幸犹存。"写出了胡石予先生一生的行事，就是"道义文章"。

胡石予画发梅花扇面

胡石予著作等身，有《半兰旧庐文集》《半兰旧庐诗集》《半兰旧庐诗话》《梅花百绝》《后梅花百绝》《画梅赘语》《胡氏家训》《蓬阆诗存》《章村诗存》等数十种。胡石予一生都没有离开诗，"方寸感激都见诗"，一直到他病逝之前，诗都是他最后的心灵陪伴。他留下的万余字诗稿（多已散佚），成为反映那个时代江南地区思想、文化、社会、自然风俗的风情画卷，也

胡石予故居

胡石予故居

成为留给家乡昆山宝贵的人文财富。胡石予也当之无愧地成为昆山近现代时期最杰出的儒家诗人代表。

胡石予故居，因为年久失修，一片沧桑破敝。花桥很重视胡石予故居的建设，重新进行了修缮。现在的胡石予故居，已经得到了保护，面貌一新了。

贞固堂（沈体兰故居）

贞固堂外景

沈体兰

　　贞固堂位于昆山市周庄镇风景区后港街1号，与蚬江街交接。该堂东临太平桥，南沿后港街、东西市河。是著名爱国民主人士、教育家、社会活动家沈体兰的旧居。《周易》有"贞固足以干事"句，"贞固堂"的名字便由此而来。

　　贞固堂这座建筑位于古镇太平桥堍，兴建于清代晚期，1996年按原样用旧料重修，现存堂楼及厢房。这是一座水乡风致的高墙花窗、粉墙黛瓦的宅院式民居建筑，面街临河，环境幽雅，古色古香，别具风格。建筑使用鹤颈轩建制，堂楼上层是方格形短窗，下层是葵式长窗。廊枋雕刻有多种花卉、如意纹、梅花鹿等图案。整座建筑木作工艺较为精细，保存完整。内部建筑结构精巧，室内布置原汁原味，书香依旧，旧式家具、文物、书画等珠联璧合，古朴别致。2009年被公布为昆山市文物保护单位。

沈体兰（1899—1976），原名流芳，字体兰。出身于周庄的书香世家。父亲沈根黄出资创建沈氏义庄小学并自任校长，专为镇上贫困家庭学生开办义务教育。童年的沈体兰就生活在这里。父亲沈根黄是有识之士，饱读诗书，他将家中的桌椅、书橱等家具器皿都刻上"贞固堂"字样，沈体兰就问父亲是什么意思。父亲说，贞固就是坚贞不移，始终如一，并告诉沈体兰"贞固"两字出自《周易·乾卦·文言》："利物足以和义，贞固足以干事。"这样良好的教育对沈体兰产生了很大的影响，他终身受益。他的一生，也常常以这句话鞭策自己。

沈体兰于1918年毕业于苏州东吴大学高中部，1922年东吴大学毕业，获理学学士学位。他在校积极参加"五四"宣传活动，被选为苏州学生联合会会长，并加入新南社。1928年赴英国牛津大学留学，获文学硕士学位。回国后，任全国青年协会学生部干事。

1931年，沈体兰应聘担任上海英国教会学校麦伦中学校长，这时候，沈体兰已经表现出拥有成熟的教育思想，他高屋建瓴地提出了自己的教育理念。他倡导"建设高尚思想，养成社会意识，练习集体意识，实行公众服务"的新办学方针，培养学生有"科学头脑、劳动身手、生产知识、革命精神"的目标。他建立民主管理治校制度，聘请进步人士任教。开设时事形势课，邀请海内外学者名人演讲。还创办民众学校、补习学校和义务学校，招收工人、店员和失学儿童入学。1934年，学校建造室内体育馆，沈体兰把自己在周庄的部

贞固堂内景

贞固堂堂楼及天井

分房产变卖，得款3200元全部捐出，约占募捐总数的1/3。

1937年，"八一三"战事爆发后，沈体兰加入抗日救亡组织，并受宋庆龄委托，奔波于印度、英国、美国诸国，宣传中国抗日斗争，扩大反侵略正义事业的影响。他先后担任中国人民救国会中央临时工作委员会和国难教育社理事、上海周报社编辑等职。后经中共党员龚澎介绍，到曾家岩晤见周恩来，共议国事。这期间，他还应燕京大学校长梅贻宝之聘，往成都任该校教授兼秘书长。他还参加了当时的进步运动：加入保卫中国大同盟，筹款出版《西行漫记》。

1946年夏，沈体兰复任麦伦中学校长，并兼上海圣约翰大学教授。麦伦中学学生在中共的领导下，参加全市反美爱国运动，影响巨大。学校被誉为"民主教育的基地，学生运动的堡垒"（中共地下组织江苏省支部曾设于校内）。

1949年初，沈体兰应邀参加新政协筹备工作，任中国人民政治协商会议第一届全体会议副秘书长，应邀出席开国大典。新中国成立后，沈体兰历任华东军政委员会教育部副部长、华东体育委员会主任等职。还先后担任全国人大代表、中国民主同盟中央委员、上海市委常委等职。著述有《英国中等教育制度》《中国教育之改造》等。1976年6月24日，在上海病逝。

如今，站立在贞固堂静谧的院落里，看着这幢高高围墙内的三合院的宅院，雕花的窗棂，高耸的平屋脊，高高低低，转折起伏，深深感受到江南水乡建筑的优雅与景致。贞固堂建筑，与太平桥、三元楼和周围的民居，组成了一幅极具水乡风貌的图画，成为周庄最入画的景观之一。

周庄镇政府在贞固堂的底层和二楼辟出一个空间，作为沈体兰的史料陈列室。这里陈列着一些名人题刻和珍贵的历史资料展品。浏览这些资料，感受那个时代的

贞固堂及周围民居

气息，似乎能够感受到一个有志的少年，在这里读书，在这里成长，也在这里走出去的影子。似乎能够聆听到他清脆的声音："贞固足以干事。"他留下的影子，他奋斗不息的精神，让我们敬仰，并学习。

费公直故居：西湾街费厅

费公直故居

　　南社社员费公直的故居，位于昆山市周庄镇西湾街31号，蚬园桥桥南西堍。

　　费厅属于前店后宅式四进楼屋，四开间门面，临河而筑。第一进为过街骑楼，中间为水墙门、蹬水河埠，墙门两边各有偏房，宅内有天井及一座砖雕门楼。史料记载，该房始建于同治九年（1870），后曾开设中药铺，民国后卖与高姓人家，此后便一直由高家人居住。后为费家所有。历经修缮，至今保存完好。

　　费公直（1879—1952），江苏省吴江市同里人，世居周庄镇。原名善机，字天健，号霜红、霜庵等等。他在周庄的居住地名为"双

221

桥"，所以号称"双桥词人"，自称"双桥居士"。因敬慕明末高士傅青主的为人，拒清不仕，擅书画，家居治医，著有《霜红龛集》。

费公直出身于官宦之家，他的曾祖与嗣祖都是清朝武将，立有军功，所以他也学过拳棒射击。他的父亲费养和与母亲早亡，自幼由姑母与嗣祖抚养。嗣祖费若卿乘轮船从上海赴嘉兴，因翻船遇难，家境逐渐中落。

甲午战争那年，15岁的费公直萌发了"执干戈，卫社稷"的爱国之心，于光绪二十二年（1896）冬，考进宁波中西储才学堂，接受新学识。1899年11月，他赴北京赶考，于次年春考得庚子科二等第一名，被分派到浙江签叙候补通判。这时候，清政府与列强签订了丧权辱国的《辛丑条约》，一味屈辱求和，费公直看到国家的内忧外患，目睹国民的水深火热，激起了他的反清情绪。光绪二十八年春，费公直因参加章太炎、蔡元培组织的爱国学社而遭查缉，东渡日本留学。在日本同文书院留学期间，他与革命家邹容成为同班同学，私交甚好。在如今的上海中共一大会址博物馆，还藏有一张邹容的照片，那张照片原来是邹容赠予费公直的，后来费公直捐给了博物馆。

黄兴等人发起组织拒俄义勇队时，留日的费公直与陈去病、苏曼殊等积极参加。费公直以候补通判身份作掩护，针对嘉兴军、政、商、学各界进行宣传组织工作，发展浙江军队中贫寒出身的军士成为革命武装力量。后来费公直参与密谋行刺两江总督端方，事败后于光绪三十一年（1905）春第二次东渡日本。一年后，费公直与陈去病来到安徽，由刘师培介绍，先后成为同盟会成员。光绪三十四年（1908）秋，费公直第三次东渡日本，进入日本东京医学专门学校学医。宣统元年（1909），费公直研究河豚毒素，亲自解剖，潜心察探，制作标本。这个标本获优等奖，后转送德意志万国卫生博览会展出。

辛亥革命前夕，费公直亲自拿起武器走上战场，参与了攻打江

费公直故居

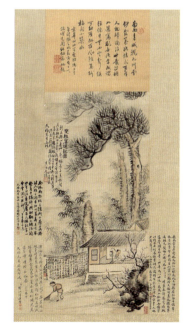

费公直书画作品

南制造局之役，战争胜利后，费公直把制造局的门匾作为战利品扛了回来。辛亥革命后，他立即回到家乡周庄，当众剪辫，为周庄人剪辫的首创者。宣统三年（1911）秋，由陈去病介绍加入南社，入社号66号。宣统三年11月4日，上海光复，成立沪军都督府，陈英士委任费公直为一等科员，襄办军需。1912年4月，革命形势变化，沪军都督府被迫撤销，心灰意冷的费公直决意回周庄行医，在这里行医隐居长达近40年。1924年9月，直系军阀与皖系军阀发生战争，双方军队10万余人在青浦、昆山一带交战。周庄为苏沪重要孔道，生灵涂炭，死伤累累。王大觉与费公直成立周庄红十字会。身为医生的费公直在其中起到重要作用。他积极募集药物和食品，施诊给药、救护伤员，救济难民无数。抗日战争期间，镇上缺医少药，费公直竭尽全力为病家医治，门诊兼带出诊，有请必到。

1951年，费公直举家迁移到苏州，在如今东花桥巷66号的居宅里安度晚年。费公直多才多艺，尤工诗善画，又擅篆刻，诗词写意抒情，各尽其妙，著有《秋明阁诗稿》和《秋明阁笔记》。他自从还乡从医后，作画从不中辍，至老不衰。花卉得清代著名画家华嵒遗法，秀雅轻灵。他还擅长篆刻，藏印很多，柳亚子曾请他镌刻"李宁私淑弟子"等印章，现藏苏州博物馆。

费公直的一生，是历经时代风云变幻的一生，也是革命的一生。他完全抛弃了个人生死，投身到革命事业当中，在反清、反袁斗争中，亲赴战场，英勇作战，建立了很大的功业。之后回到周庄故里，行医看病，造福桑梓。精神气度，令人仰望。

王大觉故居

王大觉故居（刘冀摄）

王大觉故居位于昆山市周庄镇后港街，始建于清朝末年，是南社杰出才子王大觉曾经居住的地方。

王大觉出生于清光绪二十二年（1897），王家是青浦县的耕读世家。从高祖以下，一直到他的父亲王浚传，都以诗名闻名于时，《青浦县志》有王浚传及其诗集名。王大觉5岁时，父亲口授唐诗，即能琅琅背诵。7岁时，亦能作文写诗。10岁时，随家迁居吴县周庄镇后港街，与弟弟秋垕同入沈氏义庄学堂学习，勤奋异常，学业日进，每次考试都能够名列前茅，少年时代就以才子闻名。

1914年，18岁的王大觉由陈去病、叶楚伧介绍参加南社，成为其时南社最年轻的社员之一。加入南社后，他对南社前辈不畏艰险、投身革命的精神十分敬佩，同时他的诗文也得到柳亚子、陈去病、叶楚伧、费公直等前辈的赞许，成为他们的忘年交，经常书信往来，切磋诗文，探讨社会现实。

1915年，柳亚子回到家乡，邀请王大觉参加以吴江南社社员为核心的吴江酒社，先后在吴江黎里、吴县周庄、嘉善西塘等地雅集，抒发忧愤，以诗词抨击北洋军阀统治，反对袁世凯复辟称帝。王大觉有"拔剑高歌击唾壶"的激昂之语。柳亚子给王大觉的诗作《青箱集》作序，中有句云："号召一切爱国者，勿忘共和国来自革命先烈血染河山，誓当万众一心，高举义旗，共讨逆贼，以御列强。"可知他们以革命意气相交。

1915年12月，袁世凯承受帝位。众多南社社员坚决反对袁世凯复辟帝制，都满怀战斗豪情地赋诗撰文进行讨伐。王大觉奋笔直书《十九岁述怀十章》，中有"忍着亡国剜双目，夙愿匡时仔一肩。未溺死灰仍帝制，难将热血换民权。床头三尺龙吟夜，忽梦沙场枕月眠"之句，激扬慷慨，有亲上沙场、枕戈待旦的激烈爱国情怀，感人肺腑。南社社友无不称赞他"才藻颖发，出入风雅，往往压倒流辈"。王大觉还写了文章《讨袁贼檄》，有"一千一百十余字，字字苍生痛哭声"，笔法犀利异常，悲情慷慨，檄文发表后，各界争相传阅，流传甚广，看到的人都很受鼓舞。吴中地区多所学校将檄文列为语文教材，教育蒙童，激发师生爱国情怀。尤其是柳亚子对王大觉非常器重，常在南社诸友中称赞他"诗才高妙"。

在国事日非、豪强专横之时，王大觉以文字为武器，写作了大量诗文，抨击社会，抒怀明志，具有强烈的批判意识。他还担任《民国日报》艺文部主笔，介绍新思想、新文化，提倡新文体。1921年，周庄南社社友邀请王大觉主持《蚬江声》笔政。因病在家

1917年秋，王大觉（右七）和酒社成员于金镜湖合影

王大觉像　　　　　《南社王大觉诗文集》封面

的王大觉欣然答允，义无反顾继续走向社会，用文字颂扬革命，对横暴列强口诛笔伐。

1924年9月，直系军阀与皖系军阀发生战争，双方军队10万余人在青浦、昆山一带交战。周庄为苏沪重要孔道，一时间，生灵涂炭，死伤累累。王大觉与其弟王秋厓及南社社员费公直发起成立周庄红十字会，王大觉自任会长。他事必躬亲，积极向社会呼吁，募集药物和食品，开展施诊给药、救护伤员和救济难民。因为操劳过度，王大觉肺病复发，于1927年中秋节逝世，年仅31岁。

王大觉逝世时，柳亚子正亡命日本。1929年，柳亚子归国后，补撰《哭王玄穆》悼诗："年少贾生死，途歧扬子悲。"将王大觉比作汉代贾谊，表现了柳亚子对这位社友无尽的哀思。陈去病称赞他："神情秀朗，风度翩然，尤有谢家玉树之誉。以是南社隽流，民党魁杰，闻其名者，莫不折节倾倒……"

王大觉故居，为传统粉墙黛瓦的样貌，单层建筑。大门并不宽敞，和一道墙形成直角，红色米字格对开的窗户，显得特别幽静。只有一个橘红色的招牌，表明主人的身份。王大觉早逝，所以他天才的名气被埋没，知道他的人不多。他的故居虽然也经过了修缮，可是和周庄其他高大的建筑相比，显得低矮平凡，也更寂寞冷清。这和他的才华远远不能相配。

王大觉留下了众多激情慷慨的诗篇，这些诗篇如刀如剑，刺向那个动荡而黑暗的社会，也给后人留下了宝贵的精神财富。他的少年勇气和革命斗志，将永远为我们所铭记。

古寺碑塔

镌刻在山河上的文明印记

秦峰塔

秦峰塔全景

如果"南朝四百八十寺"的江南风景里,缺少了千灯的秦峰塔,那么它一定少了一处最雅致的风景。

如果千灯的尚书浦里少了秦峰塔的倒影,那么它的魅力一定会减了三分。

江南的风致有一个特征,就是搭配很协调:桥旁边一定有树,树木掩映的后面,传出寺院的钟声,云烟缥缈中,映出古塔的身姿,然后古塔倒映在湖面上。

而在那些垂柳依依的湖面旁边,也一定有窈窕雅致的亭台楼

秦峰塔老照片　　　　　二层斗拱　　　　宋代佛像砖

榭，或者粉墙黛瓦的密集民居。烟雨江南的图画，一般都是这样布局的。

　　布局到千灯古镇图画中的秦峰塔，是特别明媚又秀致的一笔。

　　秦峰塔位于昆山市千灯镇尚书浦西岸，地处古延福寺内。这座古塔原属于波若寺，始建于梁天监二年（503），因建于秦望山（今废）之南，故得名"秦峰塔"。那时候佛教正是鼎盛时期，信奉释迦佛祖的僧人从义，怀抱着毕生募集的善款，出现在这里狭窄的石板街上。

　　我们相信，僧人从义怀着对古镇千灯的喜爱和眷恋，看了一眼这个弥漫在杏花烟雨中的地方。当时这个地方叫"千墩"，是千墩浦汇入吴淞江之处。这一条叫作"千墩浦"的溪水，缓缓流淌着他对佛祖的虔心和志向。他把一生募集的善款恭恭敬敬地捐献出来，建造了千墩历史上第一座七级佛塔——秦柱峰。

　　杜牧吟咏的"南朝四百八十寺"中，秦峰塔是位居其中的，是入了唐诗名句的，身价已然不同，有了人文的光华。

　　秦峰塔曾经历过多次兴废，到了北宋大中祥符元年（1008），朝廷下令将波若寺更名为"延福教寺"，并重新修建佛塔。

　　我们都知道，南朝崇尚佛教。很多人不知道的是，宋朝，佛教也是很兴盛的。苏轼、黄庭坚、秦观，这些名盛一时的文人，个个都是精通佛经的。尤其是黄庭坚，最终活成了佛家的"分灯弟子"。

宋代这一次皇家的恩赐，让千年后的千灯古镇有了一座古远的风景。

铜铃叮咚，宝刹威严。千年以后，从义播种

藻井

的理想的种子始终没有死亡。历经朝代更迭，这座宝刹始终仁立在风雨中。唯一不同的是，这座秦柱峰改名叫了"秦峰塔"，千墩改名叫了"千灯"。

今天，从塔砖铭文得知，这座塔，当时名呼"释迦佛塔"。元代末年，延福教寺毁废，只剩下了一座塔。明洪武年间，重修寺塔。明代末期，塔身部分自然毁坏。至清代由僧人募捐重修，恢复原状。

清代咸丰十年（1860），一场大火将秦峰塔上所有木构件烧毁，致使依附于木结构上的所有构件脱落，塔衣荡然无存，唯存塔身。新中国成立后，为稳定塔身，对塔进行了保护性维修。

1994年起，昆山市文管会与千灯镇人民政府携手，并得到省、市有关部门的支持，筹措资金百余万元，历时10个月，对秦峰塔进行彻底维修。

这次修葺，恢复了古塔的副阶（塔衣）、腰檐、平座木构部分，出跳斗拱全部补齐，顶层塔刹损坏部分也得以重铸并加固，并且修复了楼梯、楼板、平顶，恢复了它在宋代的面貌。

秦峰塔在这个时候，得到了新生。

现存的秦峰塔，为砖身木檐楼阁式，方形，上下一共有7层，总高度是39.5米。每一层都绕有腰檐、平座，塔顶部设有塔刹。我们看到，每一个塔刹都是精心制作的。整个塔刹由4个部分组成：覆钵、承露盘、五重环"相轮"和"宝瓶"。均为铁制，高7米，重3吨。塔刹顶端有4根"浪风索"，同塔顶层的四角紧紧相连，这种构造，是为了牢牢稳住整个塔身的重心。在宋代建筑中，就有了这样的科学设计，真是惊人。

秦峰塔的塔外为方形，内壁底层为八角形，二至七层同为方室，各层的高度和平面层，逐步向上收缩。

塔内设有楼板木梯，可沿着木梯攀登到最高层。塔身上下，一共镶嵌了44尊明代的砖刻佛像，每登临到佛像处，都感觉庄严肃穆，令人忍不住想要膜拜。塔的设计非常精巧而且通畅，每一层四面均设壶门，可探身于塔外，四野八方的平川尽入眼帘，一览众山，胸怀不由阔大。身处塔上，飘飘御风，让人想起王安石"飞来峰上千寻塔，闻说鸡鸣见日升"的感觉，真是恍若天外之人。

整座塔的整体和塔身的收分非常得体，恰到好处，层与层之间的层高变化，既符合建筑上的物理原理，也顺应人的视觉审美要求，让人惊叹这样的黄金比例是怎么计算的，这样的尺寸规矩又是如何构思的。中国建筑文化的深奥和灵巧，里面真的有无穷无尽的

底层斗拱

智慧，等待后人开启。

当地老百姓将秦峰塔形象地比作一位俊俏、纤丽的少女，称其为"美人塔"。它的塔身修长，颜色呈现出一种烟云下的黛蓝色，如同一位窈窕修长的美人。即使从来没有听说过它的名字，猛抬头看见了它，都会忍不住赞叹一声：这塔啊，真俊！

秦峰塔历史古远，塔身上保留的44尊明代的砖刻佛像，还有它灵巧的结构和雕花的拱顶，都是研究古

代佛教文化和古建筑不可多得的实物材料。早在1957年8月30日，就被江苏省人民政府公布为第二批省级文物保护单位。

秦峰塔远景

这当然都是从文物价值方面来考量的。对于千灯古镇来讲，这座古塔的意义绝不仅仅是为了保存文物，它是古镇风景中的一部分，是民居建筑的一部分，也是居民灵魂里深埋的一部分。无数童年的心灵，从仰望这座悠悠古塔开始，出外求学打工的归思，也从回顾这座古塔开始。它是故乡的原风景，是乡愁的核心所在。

建筑的美，建筑提供的文化的印象，就是这样在民众的心目中得到保存的。

通神道院

通神道院，原名"天庆观"，位于昆山市锦溪镇南大街西首。这是一座非常古老的道观，南宋时候开始创建，历经元、明、清三朝，也经历过几次扩建，变成了今天的模样。现在遗址的大部分都已经不存在，只剩下了东岳殿。门前青苔绿草，一片荒寂。

通神道院原来属于长洲县地界，与昆山福城圩的莲池禅院一溪相隔，南北遥遥对峙。南宋时建有三清殿、通神庵。元时增建正山门，至明清时有中岳殿、雷神殿、关帝殿、玉皇殿、文昌阁、斗姥阁等建筑，造型与规模，均与苏州玄妙观相同。

通神道院原来有宋孝宗亲笔题写的匾额，现已不存。现存的东岳殿，占地面积289平方米，建筑面积215平方米，为清代所建。

整座大殿坐北朝南，面阔14米，进深9.4米，檐高3.3米，硬山

通神道院外景

斗拱　　　　　　　　　　　　梁架

　　顶，檐下有雕刻彩画。虽然已经历经很多岁月风霜，红色房檐依旧
图案精美，雕琢精致，可以想见当初的风采与辉煌。
　　房屋的基础为青石，内部有斗拱，梁架扁作，山雾云的雕刻十分
精美。大殿上面的梁架保存完好，结构精良，简直是清代木制房梁的
"活版本"，具有很高的研究价值。整座大殿水作、木作工艺精湛，
具有较高的文物价值，1991年被公布为昆山市文物保护单位。

澄虚道院

澄虚道院第三进

澄虚道院，位于昆山市周庄镇繁荣的中市街上，周庄古镇旅游区内，对面就是普庆桥，俗称"圣堂"。

这是一座古老的道院，创建于宋元祐年间，距今已有900多年的历史。明代的时候，开始了重建。《周庄镇志》记载："明代，院西无人家，桥有雀竿悬灯，以照西湾之夜泊者。"当时的情形，还是很荒芜冷清的。但是随着明代中叶以后，周庄商业贸易快速发展，这个道院也随着规模日趋恢宏。嘉靖年间，当地人王璧捐资增建了仪门。清康熙二十五年（1686），道士胡天羽化缘募捐扩建了玉皇阁。5年以后，又在阁西建造了文昌阁。清乾隆十六年（1751），道士蒋南纪在山门外建造圣帝阁，楼阁临近普庆桥，形成了前后三进的建筑群。

最初这个道院的占地面积660平方米，建筑面积472平方米。1993年起，澄虚道院进行了全面修缮，占地面积达到了1500平方米，仍保持一部分宋代建筑风格，殿宇高大宏伟，楼阁崔巍嵯峨，气势恢宏，肃穆庄严，为吴中地区最为知名的道教院之一。

澄虚道院坐北朝南，红漆黄墙，建制是前轩后廊的结构，前轩为鹤颈轩，重檐歇山顶建构，屋脊上有精美的砖刻雕饰，下面用颜色深沉的青石奠基，给人肃穆端庄、气宇轩昂的感觉。

现存四进，分别为墙门间，茶厅、玉皇阁（斗姆殿）、圣帝阁。其中玉皇阁是澄虚道院的正殿，始建于宋代，是道院里最为辉煌高峻的建筑。玉皇阁的屋脊上，镌刻着"风调雨顺，国泰民安"八个大字，高悬半空，光彩照人。

在玉皇阁内，正中供奉先天斗姆大圣元君塑像，故又称"斗姆殿"。因该道院与苏州玄妙观同属"正一派"，故在斗姆像之前还供奉着玉清元始天尊、上清灵宝天尊、太清道德天尊"三清"塑像。殿内两旁还有三官大帝、雷祖菩萨、日宫太阳帝君等上百个造型生动、千姿百态的塑像。

殿宇宏大庄严，面阔三间11米，进深11米，檐高3.5米，殿内有屋里的轩廊。从殿内可以拾级登楼，一直通到指归阁。站立指归阁远眺，天青水碧，烟雨江南，古往今来，烟雨晴空下的百年周庄，似乎都被揽在眼底。

指归阁上，除有关云长塑像外，还有36尊天神天将，姿态表情、器杖风度也各自不同，威武叱咤，令人望而生畏。

澄虚道院的天井内还保留着一口古井，井圈颜色洁白，质地莹润，十分秀丽。

澄虚道院最神奇的是，自从明代修葺之后，这里的道教活动一直没有断绝，代代相传，久盛不衰。每年的农历六月廿一、廿二日，道院都要举行火神醮，设坛祭祷，祈求神明佐助，菩萨保佑，防止火灾降临，使老百姓能安居乐业。其他的道家祈福活动，在这里也有举行。《周庄镇志》载："中祀礼节，悉如帝王祀典之隆，亘古未有也。"正是指澄虚道院中每年举行的几次打醮仪式。

澄虚道院古井　　　　　　　　　　　　澄虚道院天井

　　这种文化，是文物之外的另外一种非物质遗产。

　　因为澄虚道院里面的道教活动一直都有延续，这里也经常会被当作其他慈善活动的地点。清朝乾隆时期，人们先后将怀善局、保婴会、惜字局、火政会、乡约所等场所设置在澄虚道院内。这些施贫救济、赈恤消灾的慈善文化，自然就和道院文化结合起来了。

　　其实中国的传统文化，方方面面，都是千丝百缕，密密连接的。万流归海，异曲同工，都是为了这片土地上的人们的生存而已。做善事也罢，做好人也行，防止火灾也算，喝茶处理纠纷也行，都是为了让这个群体生存得更好。

　　因为承载了这么多的周庄人的民生活动，所以澄虚道院无形中就成了古镇的社会活动中心。20世纪40年代的时候，澄虚道院的正门内还开设过茶馆。每天早晨，上镇赶集的农民和前来进香的香客纷至沓来，川流不息，在这里饮上一碗大碗的茶，茶水古淡而粗，却是热气腾腾的，弥漫着满天的人间烟火。很难描述坐在这里喝茶的人和这个澄虚道院的情感联系，这里有一种很玄妙的"天人关系"的道理，周庄人纯朴自然，在一碗甘洌古朴的茶水中，他们饮出了生命的味道。

　　这种情形，一直延续到新中国成立之前。

清初有个诗人叫张冷,他有《重过澄虚道院》诗两首,来写这澄虚道院,其一:"远水重重作外护,菰芦苍苍飞白鹭。幽深福地似蓬莱,灿烂云霞投野渡。"其二:"当时开创真人宫,金阙辉煌丹灶红。世人移人作仙邻,桃源竟与尘凡通。"

诗的创意是很好的。第一首就是描写澄虚道院的美好风景,远水之畔,兼葭之间,如同蓬莱福地,又有野渡的旷远之感。第二首写得有兴味。虽然不知道当初是谁创建了这个澄虚道院,但是在这样一个临近民居的热闹繁华之中,营建这样的道院,真的别有趣味。人间的烟火,仙家的桃源,就这样无缝联结,世俗有了仙家的邻居,而仙家,也能够和凡俗来缔结了。

也许澄虚道院的佳处,就在于此吧。闹中能够取静,而静中也会有闹,隔着黄色的墙,仙家俗家,就是两个完全不同的精神世界了。但是不妨碍它们可以完美地联结起来。这可能也是澄虚道院的独特之处。因为临近人间烟火,它们也拥有了持续几百年的旺盛不绝的香火。

澄虚道院保存着丰富的宗教文化遗产,1997年被公布为昆山第二批文物保护单位。

顾文康公崇功专祠

顾文康公崇功专祠正门

顾鼎臣像

顾文康公崇功专祠，是昆山人民为了纪念先贤顾鼎臣而修建的一个祠堂，位于昆山市亭林园内。

顾鼎臣（1473—1540），字九和，号未斋，昆山人。明弘治十八年（1505）中状元，授翰林院修撰，历弘治、正德、嘉靖三朝。官至太子太傅武英殿大学士，担任过内阁首辅。他精通对联，擅写青词，也被称为"青词宰相"。顾鼎臣曾经为江南减免税赋，抑制豪强，做了很多好事。他聪明俊秀，仗义豪爽，为村民打抱不平，关于他的传说故事，在江南地区流传很多，是一位深受故乡人爱戴的名臣先贤。

顾鼎臣最大的贡献，就是奏请朝廷拨款修建昆山城墙。这座城墙的修筑，使得家乡人免受了倭寇之害。

昆山县早先并无城墙，"列竹为栅"。元至正十七年（1357），知州费复初为防浙东海寇，始筑土城。明弘治四年（1501），昆山知县杨子器在土城上建造城楼。嘉靖五年（1526），邑人都御史周伦以昆山濒临东海要地，屡遭倭寇抢盗，疏请筑砖城，但未获皇帝批准。

　　当时江南地方的倭寇已经很严重，正在朝中任职的顾鼎臣对于修筑昆山城的紧迫性认识非常充分。他亲自撰写"昆山修筑砖石城墙"的奏折，经过他据理力争的诉求，终于获得嘉靖皇帝的批准。为了表达他对故土的拳拳爱心，顾鼎臣带头捐出了皇帝赐金，以此作为倡导，动员百姓纷纷出钱出力。经过昆山官民的共同努力，经两年时间，终于在元朝土城的基础上，扩充、加固成具有"六城门"之巨的砖石城墙。当时的宾曦门、迎薰门、朝阳门、丽泽门、留晖门、拱辰门，就是现称的东门、东南门、南门、小西门、大西门、北门。

　　昆山城因此有了坚固的城墙，形成了六城门的城墙格局，对于保护昆山民众，起到了很大的作用。

　　昆山城墙从嘉靖十八年（1539）二月动工，到第二年五月竣工，新城墙周长计二千三百八十七丈，高二丈八尺，宽一丈四尺，有六个城门五个水关。砖城墙竣工时，顾鼎臣已经辞世五个多月了。

　　明代嘉靖三十三年（1554）四月初七至五月二十五，昆山县城被倭寇围攻。四月十三日午时，倭寇三千人带了五十艘大船，停泊在新阳江口，从这里登陆，围攻县城东门。一时间火光冲天，城里百姓惊吓过度，哭声震天。仓促之间，官民手足无措，紧闭

昆山古城墙

文物可阅读

顾文康公崇功专祠内景

城门，填塞关卡，作为守城的办法。

　　倭寇制造了二十多架云梯，进攻东北两座城门。形势十分危急，一旦城破就没办法了。昆山知县祝乾寿亲自巡视全城。乡绅王任用、朱隆禧和归有光等一起商量御敌之策。青壮年男子登上城墙做好防御，老人孩子加入运送土石的行列。整个城池男女老少全部参加了抗倭行动。昆山军民凭借高大坚固的城墙进行抗击，连玉峰山上已经成材的松柏也大多被砍伐作为檑木去抵御倭寇了。

　　官民誓死守城，战争形势异常严峻，五百多人死于非命，两万多间房屋被焚毁。昆山付出了巨大代价，但是最终打败了进攻的倭寇。而周边地区如常熟、嘉定等没有筑城的一些州县，则无不受到倭寇的蹂躏。方圆三百五十里范围，百分之八九十的房屋被毁，百分之五六十的百姓失踪，百分之三四十的坟墓被挖掘。

　　昆山之所以能够保住，最大的功劳，在于牢固的城池已经建立起来。如果没有这城墙，一马平川的昆山简直毫无胜算。为了感激顾鼎臣对于家乡父老的贡献，昆山人民在马鞍山下修建了纪念顾鼎臣的祠堂。修建一座城墙，拯救了一个城池的百姓。朝廷赐额为"崇功"。

　　明嘉靖三十八年（1559），昆山于慧聚寺法华堂旧址，赐建顾文康公崇功专祠。清雍正十二年（1734）和乾隆十八年（1753），顾鼎臣八世孙顾登出资修葺。咸丰末年，这座祠堂毁于兵灾。光绪三十四年（1908），顾鼎臣裔孙重建。民国初年，邑人再次重修。1991年被公布为昆山市文物保护单位。

《太子太保文康顾公崇功祠记》碑

1997年，正厅倒塌，昆山市政府拨款按原式重建。现存两进，坐北朝南，占地面积155.2平方米，建筑面积120平方米，前进是门厅，后进是享堂。面阔三间8.5米，进深5.5米，檐高3.5米，硬山顶。

天井里种植金桂玉兰，寓"金玉满堂"之意。这里尚存明嘉靖年间《太子太保文康顾公崇功祠记》碑，高1.91米，宽0.91米，为明大学士赵贞士撰，郡人梁元寿刻。碑文28行，每行61字，楷书。祠前另立有昆山市文物保护单位标志牌。

抱玉洞

抱玉洞

抱玉洞位于昆山市玉山镇玉峰山芙蓉岭下，玉泉井西南侧。1997年，抱玉洞被公布为昆山市文物保护单位。

这是一个面积8平方米的石洞，里面是一个石室，小而狭仄，仰不见天，却曾经住着一位南朝梁代的高僧。

小小的8平方米，偌大的大千世界。这就是高僧慧向的佛家世界吧。

据说，高僧慧向是湖州人，还是南朝梁武帝的老师。他选择了昆山这座玉峰山，梁天监十年（511），梁武帝赐准慧向在玉峰山上兴建慧聚寺。

"南朝四百八十寺"，在这个名山秀峰上，增添了一处风景。

昆山地方志上记载了一个传说。当初高僧慧向在玉峰山驻锡，想要建造一座寺院和高塔，但是苦于财力、精力、能力有限，不能成功。于是他发下愿心，精诚所至，果然有神人来帮助。一天晚上风雨交加，雷电大作，山林中的树木也在怒号。等到第二天早晨一看，庙基已经建好了，大殿殿基的石头本来都是奇形怪状的山石，但是建成的基脚线就像用绳子拉过一样笔直，墙角转角的地方，就像是用矩尺卡过一样，人们都猜测是山神派工匠完工的。当时的知县察觉这是件神奇的事，就上报刺史，再由刺史奏报梁武帝。就这样，凌峰而起的慧聚寺建立起来了。

虽然是传说，但是灵山灵庙只是增加了慧聚寺的魅力，而对于建造慧聚寺的第一个僧人慧向，不能不致以敬意。

高僧慧向选择了玉峰山这样的灵山秀水建造慧聚寺，他自己就住在玉峰山芙蓉岭下这个8平方米的石洞里。

8平方米的空间，上下左右都是石头，仅仅可以容下一个肉身。对于我们来说，即使现在寸土寸金城市里，8平方米的空间，也太狭小了。

高僧慧向却居住在这里，完成了他人生中的涅槃。

他是有信仰的人。信仰，让他的世界无穷大。

明朝万历初，昆山邑丞麻阳刘谐将这个洞改称"抱玉洞"，邑人俞允文题字。称"抱玉"，是因为玉峰山藏昆石，玲珑如玉。芙蓉岭其实正在山顶一侧，用"抱玉"两字，十分形象。这"抱玉"也有"怀珠握玉"的意思，意谓高僧慧向腹有才华。

刘谐的《抱玉洞记》文辞非常佳秀，一般难以见到，补录于此：

昆山周百里，皆平沃，独城内一山，崪然突起，双引雉堞，而中垮万井。刘子旅居，不娴薄书，鹤氅杖履，佳客来从，时循山椒，斗折而登。飞阁奇峰，若巫峡峻拔，蜿蜒而通，巨石婷婷，若太行直矗。虽无飞瀑湍流，然环城秀水，萦带绕映，皆山所吞吸，佳胜自不俭也。山脊有洞，僧据甚闷。余徐呼僧而入，□坐洞中，谓而业宗无，而执洞为有，夫何无有而必有有也。洞深处空园通天，长风可沁心肺，毛骨修然，气与虚俱。徘徊洞右，题"抱玉"。

"文革"期间，抱玉洞遭破坏，石像也被毁，仅存身躯横卧洞

抱玉洞

内，后重刻石头，扶正位置，恢复原貌。今存石佛3尊，高度分别为1米、0.88米、1.5米，均为坐姿，座为莲花座。

玉峰山的位置，为昆山城最为繁盛之处，如今为亭林园。山上有妙峰塔，过去香火很旺，民间传说求子很灵，所以很多昆山人到塔前求子。从山下到山上，山路途中，经过抱玉洞，百姓看到有烟火供奉，就到这里来烧香。香客多，烟火也多，究竟都是随众从众，只有虔诚之心，并不知道所祭拜的是何人。

戒石碑

戒石碑位于昆山市玉山镇马鞍山路1号亭林园内，顾文康公崇功专祠东侧。

从亭林园进去一直走，松柏掩映当中，会看到那一方带点沧桑的戒石碑，上面楷体阳文，镌刻着三个字：公生明。

戒石碑

这方戒石碑，高1.62米，宽0.63米。最初的时候，立在昆山县衙大堂的东廊后。康熙十年（1671），昆山知县董正位捐出俸禄修葺县衙时，竖立了这方戒石碑，并建立了一个碑亭。董正位，号黄洲，直隶开平卫人，拔贡文林郎出身，于康熙九年六月出任昆山知县。康熙十四年七月被劾离去，前后在昆五年整。乾隆十九年（1754），知县许治重建。后改为木坊，立在仪门内甬道。

20世纪90年代初，昆山市扩建亭林公园时，将这方戒石碑移立于亭林园的顾文康公崇功专祠东侧。后来又建立了碑亭，称为"戒石亭"。现在是昆山亭林园的一个景点。

仔细观察这个戒石碑的时候，发现后面还有19个字，上方碑额横书"戒石铭"三字，其下直书《孟昶令箴》内的四句话："尔俸尔禄，民膏民脂，下民易虐，上天难欺。"

宋太祖赵匡胤对孟昶的《戒喻辞》十分欣赏，除册封孟昶为秦国公外，特从《戒喻辞》中选出四句十六字作为"铭言"，令各郡各县立石堂前，代相沿袭，称为"戒石碑"。元明以来，都沿袭这个传统，这是戒石碑的由来。

后来昆山文化部门感觉只有这一方碑不够对称，又制作了"廉生威"方碑，配成一对。"廉生威"碑高1.68米，宽0.55米，正面刻"廉生威"，背面刻"洁廉为心，忠信为仗，文章在册，功德在民"。落款为"中共昆山市纪委、监察局全体共产党员。公元二〇〇一年七月一日"。

从意义阐发来讲，这两座碑的碑文，其实不是出自同一个源流。

"公生明"这三字源出于《荀子·不苟篇》，"公生明，偏生暗"。意为公正使人明察，偏私使人陷入愚暗，这六字被人们称为

"廉生威"碑背面　　　　　　　　"公生明"碑背面

"万世之导引"。"廉生威"之类的言论,最早出自明初学者曹端,后山东巡抚年富对其词句稍作改动,增加了"公生明,廉生威"的句子,作为自己为官的座右铭:"吏不畏吾严,而畏吾廉;民不服吾能,而服吾公。公则民不敢慢,廉则吏不敢欺。公生明,廉生威。"

戒石,是皇帝用来戒饬官吏奉公守法的一项独特设施,自宋代起一直到清代中期,持续了长达700余年时间,是我们国家廉政文化的重要内容。"公生明、廉生威"这6个字,更是廉政文化的点睛之笔。这6个字,渗透着中国传统廉政文化的智慧,也见证着廉政文化的发展和变迁。

过了戒石亭,后面就是顾炎武纪念馆了。纪念馆外面屹立着顾炎武的塑像,上面是黑色的长条匾额,里面展示的有顾炎武先生生前的用品和写作的书籍。印象最深的,就是他的那双颜色黯淡的黑布大鞋。鞋上什么装饰也没有,只有沉着的黑色和一对沉默的鞋洞,让人从这种深沉和质朴中感受到他"行万里路,读万卷书"的痴心和执着。

顾炎武的学术成就是多方面的。其中很重要的一方面,就是他的"贵廉""有耻""俭约"的廉洁思想。顾炎武生活在明清易代的特殊历史时期,他的母亲、两个弟弟,还有同窗好友都在"城在人在,城破人亡"的抗争中,为守护昆山城而英勇死难。清朝建立以后,他的三个外甥一个考上状元,两个中了探花,同胞三鼎甲,无比荣耀,受到清朝重用。生与死,荣与辱,爱与憎,就这样交织在顾炎武的人生维度里,分割着顾炎武的精神世界。

顾炎武对于明朝灭亡有深入骨髓的痛感。他曾经无数次在夕阳西下的时候凭吊明帝陵。这也许是他和那个已经远去的世界唯一的灵魂交集。他拒绝和那个带着繁华和尊荣的新王朝合作,而把精神放在了痛定思痛,寻找明朝灭亡的根源上面。他一再对明朝的吏治弊端、社会风俗进行剖析,提出了各种济世的良方。其中最为切中要害的，就是廉洁文化。

"不受则廉，不污则洁。"中国传统文化里，廉洁和君子的品行紧密嫁接起来，形成一株出淤泥而不染的爱莲风景。春秋时期有人送宝玉给宋国子罕，子罕说："你以玉为宝，我以不贪为宝。"东汉杨震不受故人的礼物，说出了"天知地知、你知我知"的朗朗清声。或如莲花，或如兰花，或如竹节，都化成了君子四美，留名地方史册。而那些贪婪、污浊之人，全部沉入暗暗云烟。

如今，在昆山一个不起眼的亭林园里，一位伟大思想家顾炎武的"贵廉有耻"思想，一方延续着千年传统的古代官吏廉政戒石碑，还有道德文化里面逐渐形成的"公生明，廉生威"的律法智慧，竟然在这个人流密集的公园里，用这样独特的方式穿越时空汇聚了。在这个戒石碑前面，看着上面斑驳的印记和历史岁月的倾诉，不禁令人心生慨叹。

在人类作为一种群体社会的发展过程中，人类自我组织、自我管理和自我发展的能力，是需要智慧和自我约束力的。廉政文化作为约束自我、提升品格修养、规范社会行为的独特文化，是和人类的生存、国家的昌盛息息相关的。看着亭林园这一方戒石碑，我们庆幸我们有这样宝贵的文化传统，有这样几千年不断绝的精神崇尚，也有这样奉之圭臬的道德指引，这使我们能够对社会发展抱有信心，富有能力，充满希望。

集善桥石刻

集善桥俗称"赵家桥",位于昆山市花桥经济开发区赵家村,南北向,横跨在老鸡鸣塘河上。这座桥的中间桥侧刻有"集善桥"三个大字,并有"乾隆五十二年建"字样。说明这座桥始建于清乾隆五十二年(1787),系花岗石三孔平板桥。桥面以三段共九块桥板石并成,全长21米,高4米,三孔跨度分别为3.65米、5.75米、3.9米。桥身总宽度约1.4米,比较狭窄,两侧没有护栏。桥墩和桥身两边的台阶都由长条石板构建。这样形状的构造,在整个江南水乡众多的桥中,也是独具特色的。

集善桥

这座桥最为奇特的地方,倒不是在于建筑特色,而是在于这座桥的中孔南端桥面上,刻有"太平天国"四个楷书大字。自左至右竖写,上面"太""天"两字稍大,高10厘米,宽12厘米;下面"平""国"二字略小,约8厘米见方。四字石刻刚劲有力,清晰如昨,久经践踏,仍不磨灭。

史料记载,太平军攻占南京后,改名"天京",作为太平天国的

集善桥"太平天国"字样

首都。作为南方重要城市，苏州昆山的战略地位就显得很重要。咸丰十年（1860）4月开始，忠王李秀成"东征"，不费一枪一炮，轻而易举拿下军备空虚的苏州城，随后取昆山、新阳两县。为避南王冯云山名讳，将昆山改名"昆珊"。太平军自5月15日起，在一个半月内，即占领长江三角洲除上海以外的大部分地区，取得开辟苏常地区之重大胜利。

随着太平军苏南之战形势的发展，同治二年（1863）5月4日，李鸿章带领的淮军乘胜攻打昆山，李鸿章亲临昆山督师，于5月30日与戈登同乘英军提供的"海生"号战舰，率军一举攻占昆山西面的正仪，然后回军东向，会同围攻昆山的淮军击败太平军。6月1日，太平军全部西撤苏州，昆山遂陷。清军攻占昆山后，发现"昆山城内有太平军之枪弹制造厂，由二英人主持"。这个枪弹制造厂随之落入清军手中，使太平军之后的军械供应产生了极大困难。

上面的史料证明，昆山在当时太平军和清军的激战形势中，战略地位非常高。赵家桥就是连接昆山和上海的交通要道之一。太平军在这里刻下"太平天国"四个字，就有其必然性。

但是有一个问题，太平天国定都天京后，曾经进行过文字改革，使用了一批简体字。而且对于"天国"这两个字的写法、用法，太平天国有严格规定："天字必长其上划。"即"天"的上面一横要比下面一横长，寓意天为最大。"国"字规定从口从王，表示国家为王者所有。其中太平天国所铸铜币上的国号，就写作"太平天囯"，和今天的规范字非常类似，但是少了一点。

而集善桥上的"太平天国"，"天"字上短下长，"国"字用的也是繁体字，并不符合"太平天国"关于文字的规定。为什么会出现这样的情况呢？

《文物》杂志1978年刊载的一篇论文《江苏昆山花桥公社赵家桥的"太平天国"石刻》对此的解释

集善桥

是"可能由于石刻系刚入伍不久的新战士所刻，不熟悉太平天国的制度所致"。我们分析，太平天国的文字改革时间较短，推行并不流畅，而且一直在战争的烽火戎马之中，时局并不稳定。这个石刻当时也许是让本地的石刻匠人来雕琢的，石刻匠人并不了解太平天国的文字改革，所以按照老习惯，刻了正常的"天"字和繁体的"国"字。

当然，这些也都是推测。这个问题的真相已经沉入那个时代的历史深幕之中，不得而知了。

今天的集善桥，已经处在集善公园之中了。绿地大道以南、集善路以东、西环路以西的街区之中，在原址周围，建立起这个集善公园，公园以"善"为主题，既保护了这个文物，也给当地民众提供了一个大众休闲场所。

太平军占领昆山的时间非常短，经过160多年的历史风烟，能够留下来的痕迹几乎已经没有。集善桥上的四个刻字，成了太平军在昆山革命痕迹的唯一印证，见证了这一段烽火连天的战争历史。

1982年，集善桥被公布为江苏省文物保护单位。

名胜古迹

留在昆山文脉上的繁华鼎盛

文笔峰

文笔峰是为了纪念昆山历史上第一个状元卫泾而修建的。1997年被公布为昆山市文物。

昆山县志上，有一段比较奇异的星象记载："宋孝宗时，魁星见于玉峰山翠微阁之东，妙峰塔之西。"魁星，就是管派文曲星、武曲星的星

文笔峰

神。发现魁星，可谓喜从天降，预示着昆山将要诞生一个大魁天下的状元。

就是那一年，昆山东南方向，石浦镇有个读书人卫泾，赴临安（南宋首都，今杭州）考试，三场连捷，考中了孝宗淳熙十一年（1143）甲辰科状元。

宋代崇文风尚很浓郁。"天子重英豪，文章教尔曹。万般皆下品，惟有读书高。"一个县域最重视的，就是科举中第。昆山很小，竟然出了一个状元，这对于昆山来说，是天大的喜事。卫泾入朝做官，"文章议论，有裨于当世"。他审时度势，认为南宋兵力、财力、物力不足，不宜兴师北伐，与主张北伐的韩侂胄政见不合，"忠言

不用愿辞官"，上疏乞归。卫泾身居高位，清正廉洁，对自身要求严格，常以范仲淹"先天下之忧而忧，后天下之乐而乐"的名言为座右铭，起堂名为"后乐堂"，自号"后乐居士"。

卫泾在韩侂胄死后重新出仕，担任吏部尚书后，封昆山开国伯，最后以资政殿学士致仕。病逝后获赠太师，封秦国公，谥号文节。

昆山人十分敬仰卫泾，在玉峰山出现过魁星的妙峰塔旁造起了一座牌坊，高5.5米，取名为"文笔峰"；把石浦陆鳌山改名"状元山"，把卫泾求学的塾馆改称"文节书院"，以此纪念卫泾。万历四年（1576），昆山知县申恩科将文笔峰牌坊移至紫云岩的百里楼旁，岩名遂叫"文笔峰"。清末重修。游人登山，总爱站立文笔峰前览胜观景，展拓胸怀。

如明代顾鼎臣《文笔峰歌》这样赞美："钟灵孕秀杳莫测，中有插天文笔之高峰……天公醉怒泼云墨，神楼梦晓生天葩。苍涯夜半飞霹雳，长空万里腾龙蛇……挥毫为风洒为雨，长虹百尺皆可镂……"气势豪迈，惊风雨、泣鬼神，恢宏大气。

康熙皇帝曾攀登玉峰山，他也来到过文笔峰，并题诗说："万里人烟春雨浓，菜花麦秀滋丰茸。登高欲识江湖性，染瀚留题文笔峰。"

文笔峰

在崇文的时代，文笔峰是文人墨客心中的圣地。不管得意失意，都有文人来到这里，仰望这文笔峰。他们在这里留下了许多诗文图卷。

后来，历经沧桑的文笔峰牌坊还是倒塌了。直到21世纪初，昆山地方热心人士为弘扬民族文化，以乡贤卫泾为师表激励后进，在紫云岩畔重新浇铸了一支更为形象的大椽笔，上面镌刻着三个篆体大字——文笔峰。游客攀登紫云岩，仰望文笔峰，在云天环绕、翠微掩映的幽景丽色中，文笔峰的独特人文气息和它承载的状元文化，始终给观览者带来无限遐思。

　　说来还有一段曲折的过程。文笔峰曾经在前几年遭遇雷击而倒塌。昆山文管所接到消息，很快研究出修缮方案，将它按照原样重新竖立起来。可知在昆山人心目中，文笔峰具有多么重大的意义。

　　不管文笔峰是以一座牌坊的形式出现，还是以山峰的形式出现，或者以一支大椽笔的姿态出现，都不仅仅是一种古老的文物形式，它变成了一种精神性的存在。

　　它是一个地方文化的象征。它高耸入天，以骄矜和自信的姿态，象征着这方地域文化的深厚和昌盛，象征着一个地方对于人文的高度崇尚。昆山缺少了一座山峰，缺少了一座牌坊，没有什么损失。但是，多了这样一座文笔峰，整个城市的人文都熠熠闪光。

林迹亭

林迹亭

林迹亭，位于昆山市玉峰山南半山腰，是一座歇山式四角方亭。这个亭子建立于清道光十四年（1834），为两江总督陶澍所建，取名"奥如旷如"之亭。

"奥如旷如"出自唐柳宗元《永州龙兴寺东丘记》："游之适，大率有二：旷如也，奥如也。如斯而已。"游玩适意的去处，大概有两种境界：开阔的地方，深幽的地方。如此而已。寥廓悠长，称之"旷"；回环曲折，称之"奥"。

陶澍给这个亭子取名"奥如旷如"之亭，是赞美玉峰山这里的景致，既有深幽之奥，又有开阔之旷，兼有双美之境。亭檐高2.7米，宽4米，长4米。亭上的楹联，为鸦片战争时期的民族英雄林则徐所题。

林则徐到昆山，是为了治理这里的水患。昆山河湖密布，娄江、吴淞江的疏浚，都是重大的民生工程。朝廷重视，屡屡派出朝廷大员到昆山来，所以昆山历史上"因水结缘"了很多名臣，北宋的王安石，明朝的夏原吉、海瑞，清朝的林则徐，都是这样来的。

林则徐到了昆山，巡察昆山的水路河湖状况，特地去拜访了先贤归有光的祠堂。

　　归有光不仅是一位散文名家，也是一位水利专家。他一生中花了大量时间考察三江古迹。当时，吴淞江下游水旱灾害严重。雨水多就涝，雨水少就旱。归有光认为：太湖入海的道路，只有吴淞江，而吴淞江狭窄，潮泥填淤，渐渐地就出现堙塞，只要合力浚治，使太湖的水向东流，其他的水道就可不劳而治，为此归有光写下了《三吴水利录》《水利论》《水利后论》等一批考察报告和研究文章，对疏浚吴淞江水道提出了许多有益的见解。后来，海瑞担任巡抚，兴修水利，主持疏通吴淞江时，许多方面均采用了归有光的建议。后世有"南海海公用其言，全活江省生灵数十万"之说。

　　清道光十四年（1834），江苏巡抚林则徐因兴修水利事，过访震川书院。在这里，他留下了"儒术岂虚谈，水利书成，功在三江宜血食；经师偏晚达，专家论定，狂如七子也心降"的字联，表达对这位先贤的敬仰。

　　林则徐到达昆山的时候，应县令之邀，攀登玉峰山来登临观览景色。路过此亭，即兴集范成大、陆游诗句，书写了楹联："有情碧嶂团栾绕，得意孤亭缥缈间。"上款："道光甲午，偶过昆山，来登此亭，因集石湖、放翁诗语题之。"下款："三山林则徐。"

　　风雨侵蚀，年久失修，这个亭子老旧衰败。清咸丰元年（1851），亭子倾塌毁坏，邑人吴再锡重建，即将此联刻于石柱上，改名"林迹亭"，以表纪念。"文化大革命"期间，此亭四柱两副对联

林迹亭

林迹亭

因被群众用泥巴涂抹，未遭毁坏，得以保存。1984年有关部门对它又进行了修建。1991年被公布为昆山市第一批文物保护单位。

"山不在高，有仙则名；水不在深，有龙则灵。"林迹亭并不高大，也称不上雄伟壮丽，只是一个普通的江南建筑。但是因为和著名的禁烟英雄林则徐有了关联，就有了人文的气息。天下名楼、名亭，没有以建筑宏丽而得名的，都和名人有关：因王羲之《兰亭序》而闻名的兰亭、因欧阳修《醉翁亭记》闻名的醉翁亭、因苏东坡诗句得名的喜雨亭、出自杜牧诗的爱晚亭、因范仲淹《岳阳楼记》得名的岳阳楼、崔颢题诗的黄鹤楼……山水景致和人文相关联，才会成为人们精神意义的故乡，吸引人们来驻足观看。也因为有了人文气息，貌似寻常的亭子，也有了非凡的人文魅力。

玉峰山上的林迹亭就是这样。当它和"虎门销烟"的民族英雄林则徐有了关联的时候，昂扬的民族情绪，抵御外侮的英雄气概，就此焕然生发。

文星阁

文昌阁，又名"文星阁"，坐落于昆山市锦溪镇古莲池西侧。这是一座文化味道浓郁的特殊楼阁，寄予了昆山人的美好愿望。

文昌阁是供奉文昌帝君的场所，文昌帝君是道家的星君，是中国民间和道教尊奉的掌管读书人功名禄位之神，也就是民间所说的"文曲星"。文曲星，星

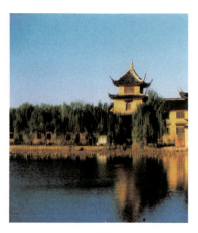

文昌阁

宿名之一。在中国古代神话传说中，文曲星是主管文运的星宿。中国历代崇文，实行科举制度，不管是诗赋取人，还是文章取人，都是通过文学来选拔人才。那些文采非凡能够科举中第的人，都被认为是文曲星下凡。所以儒生学子都祭拜文昌帝君来祈祷能够科举顺利。

全国大大小小的文昌阁数不胜数。因为在崇尚文化、科举兴盛的古代，文昌阁的意义非同寻常。一个地方的文化昌盛，被看作是一个地方官吏的最大的政绩，地方最杰出的灵秀之气，没有不被重视的。文昌阁，正是这种崇尚文化和科举的体现。

文昌阁匾

文昌阁石碑

文昌阁前轩

　　昆山锦溪这一处文昌阁，最早地址在通神道院内，里人捐资重建，称"片云阁"。清乾隆八年（1743），片云阁倒坍，至乾隆三十八年，选择现在的地址重建。新建成的文昌阁，平面作正方形，底层坐西朝东，面阔一间5.63米，进深5.63米，前有露台。

　　文昌阁高三层，高15.6米，总面积有200平方米。四面设窗，飞檐下有8个铃铛，宝瓶式刹顶。

　　文星阁里既然供奉的是主宰文运、点派状元的文曲星，一定会有很多文人墨客到此来朝拜，祈求神灵保佑自己能够榜上有名。古往今来，不知道有多少名士来过这个地方。他们观览山水，付之于诗文，留下许多名作佳篇。现在的文昌阁内，就陈列着明代名流高启、沈周、文徵明和祝枝山等人为锦溪所作的诗篇。

　　一座文昌阁的意义，并不在于它保佑了什么，或者赐予了什么。它是一种崇文精神的象征，它传达的精神意义，就是努力学习，振兴文化。正是有了这样的风向和精神意义，锦溪文风非常浓郁，历代人才辈出，从这里走出的院士，是昆山最多的。著名的院士钱七虎，就是从锦溪这里走出去的。

锦溪五保湖文昌阁

沿着文昌阁拾级而上，可攀登到文昌阁高处，俯瞰全镇景致和五保湖的旖旎风光。这美丽的水乡全在眼前了。水天一色，帆影点点，落霞孤鹜，蒹葭芦苇。一阵风来，满天荷香，一不小心，还会惊起芦苇深丛里的一滩鸥鹭、几只野鸭吧。

文昌阁前面，有一个面积广阔的莲花池，这里种满了美丽的荷花。到了夏天，"接天莲叶无穷碧，映日荷花别样红"，采莲的歌声，荡漾的小船，让这个小镇风月满是恬适和自然的调子。如果有几个穿着荷叶颜色罗裙的江南采莲女子乱入池中，她们的荷花容颜，怕是会惊动诗人们的绝世才思吧。

文昌阁的黄墙朱檐上，风铃叮当，周围有长堤环抱，水光辉映，宝带桥透露出天光云影，那种胜景，真是人间天上，美丽无双。这里也是古锦溪八景中的"莲池阁影""片云钟渡""露台拥翠"三景所在地。

紧靠文昌阁的西侧，有古罗汉松和古柏，苍翠遒劲，绿意森森，树龄已逾300年，不知道见识过多少美好风月，落霞朝阳。这些古树，似乎在印证这座文昌阁的古老。

文昌阁，已经是无数文人心目中的文化胜地，又总揽了三种锦溪的美好景致，这样的文昌阁，不爱都很难。1991年，文昌阁被公布为昆山市文物保护单位。

方还亭

方还亭

方还亭，又名"惟一亭"，位于昆山市亭林园莲溪东畔，是一座四角方亭。1934年，为纪念辛亥革命后昆山第一任民政长方还所建造。

方还（1867—1932），原名张方中，字惟一，晚号蟪庵，昆山蓬朗人，教育家、诗人、书法家。方还对昆山贡献很多，清光绪二十七年（1901）创办昆山樾阁学堂，次年，创建亭林学会，光绪三十二年任昆新教育会和商会会长，宣统间当选江苏咨议局议员和清政府资政院民选议员。民国元年（1912），任昆山县民政长，以后历任北京、南通女子师范学校校长，江苏省长公署机要处秘书，国民政府交通部秘书等职。方还学识渊博，工诗词，尤精翰墨，堪称诗、词、书三绝。

方还去世后，他的灵柩停放在南京中山陵。1932年11月，以李节为首的昆山地方人士致函昆山县教育局，"方惟一先生有功桑梓，不可磨灭，非勒碑纪念，无以垂永久而资景仰"，请求昆山教育局就马鞍山山麓，割地一方，作为方还墓地，建筑碑亭，安放灵柩。

1933年9月，方还灵柩由昆山地方人士护送回昆，许多人主动到火车站接灵。次年3月，择定吉日，公葬于马鞍山东南山麓。昆山各界人士参加了仪式，举行路祭和公葬。方还墓碑由其好友张一麐书写，墓前方亭内立一座昆山方惟一先生公葬碑，碑文由国学大师无锡人钱基博撰，曾任江苏省省长的泰州人韩国钧书，吴江费树

方还肖像

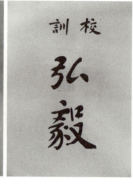

方还为北京师范学校题写校训

北京师范学校本科第一部第一次毕业摄影（前排右四为方还）

蔚篆额。在方还亭之西，百步之远，就是方还撰写碑文的先锋团团长朱葆诚烈士纪念碑，两座石碑遥相矗立，默默相对。

方还担任昆山民政长期间，政治清明，贡献很多。他能够死后归葬于玉峰山，也是一种奇遇。因为方还本身，就和玉峰山有着很深的渊源。

首先，亭林园能够保住，就和方还的积极努力有关。光绪二十九年（1903），清政府向英国公司借款建造沪宁铁路。次年3月开始勘测路线，勘测到昆山县城时，英总工程师格林逊见马鞍山风景秀丽，意生觊觎之念，在测绘图纸时，故意歪曲路线，将昆山火

车站定在马鞍山东南麓，并欲霸占马鞍山及周围土地兴建其私人别墅。

消息传出，立即引起了昆山士绅和民众的强烈反对，邑人奋起保护主权。光绪三十一年（1905）初，上海道已移檄昆山县核办，知县宝颐密告方还速速想办法，方还乃星夜召集同人，在亭林学会研究对策，议决电请南京两江总督制止此事，并请求拨该山地，集资开办树艺公司，迫使英人改变初衷，更改铁路路线和车站站址，将昆山火车站建在城南朝阳门外严家角，维护了地方主权。

光绪三十一年（1905），方还联络昆山各界名士倡议在山前开办蚕种场，集资建立马鞍山树艺公司，在马鞍山南麓遍植树木，次年辟为马鞍山公园。这就是今天的亭林园。没有方还的积极行动，这座美丽清幽的公园早已毁灭。因此，将马鞍山作为方还灵魂的归宿，再合适不过了。

方还的一生，正是近代中国巨变迭起、政局纷乱的时候，不管是从政入仕，还是执鞭教坛，他都在变化无常的时局中努力经营，仿佛在波澜惊涛中，竭力维护船只的平稳。作为一位地方乡绅，方还勇于开拓，敢于担当，创办新学，推动昆山的教育发展，首举义旗，出任首任民政长，抓住一切机会为家乡服务。他还东西奔波，使顾炎武手稿最终回到昆山，他为昆山做出的奉献，值得每个昆山人永远牢记。

1967年，方还的墓葬遭到人为破坏。墓、亭、碑均被捣毁，他的墓地沉默在丛生杂草中，渐渐消失在昆山人的视野中。1984年，昆山县人民政府对地方历史人物重新评议，肯定了方还对家乡做出的功绩，在亭林公园东部的东斋荷花池畔建造小巧玲珑的四角亭一座，建筑面积30.25平方米，命名为"方还亭"，并恢复墓碑。

这座四角亭和碑石，至今犹存。四角亭有内外两亭，外亭面阔5.5米，进深5.5米，内亭面阔3.1米，进深3.1米。南北两面分别书

"方还亭"三字，墓碑青石质，方首，方座，通高1.8米，宽0.9米。2004年，方还亭被公布为昆山市第三批文物保护单位。这位为家乡发展奔波一生的名士，死后被昆山百姓勒碑纪念，魂归马鞍山，留名方还亭。一生恩泽，福被后世。

迷楼

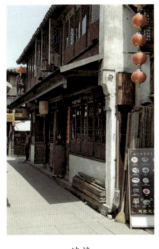

迷楼

迷楼，位于昆山市周庄镇中市街，贞丰桥畔，原名"德记酒店"。

迷楼的店主李德夫，祖籍镇江，于清光绪末年携眷迁徙周庄，因擅长烹调珍馐佳肴，掌勺开设酒店。当时周庄为重要商埠集镇，贞丰桥是镇境水陆要津，附近商店毗连，贾客云集。德记酒店地处小桥流水、富有诗情画意的闹市之中，宾客设酒临风。窗外波光桥影，舟楫往来，飞燕鸬鹚，天上水间……因为风景迷人，所以酒店就有了"迷楼"的雅称。

关于为何称"迷楼"还有一种说法。店主李德夫夫妇年过四十才喜得千金，名唤阿金。阿金貌美，如同出水芙蓉一般。她抵制缠足，所以被称为"大脚观音"，当垆劝酒，张罗顾客，不愿远嫁。很多客人为了看她而来。常言说："酒不醉人人自醉，色不迷人人自迷。"经常来的客人中，就有南社的一干风流才子，他们酣歌畅饮，十分惬意，所以酒店被称为"迷楼"。

两种说法并不矛盾。风景美好，人物美好，加上美酒佳肴，自然就令人沉迷。"迷楼"名不虚传。

"迷楼"之所以闻名遐迩，还和这里的南社活动有关。

南社是一个曾经在中国近现代史上产生过重要影响的资产阶级革命文化团体，于宣统元年（1909）11月13日成立，其发起人是柳亚子、高旭和陈去病等，活动中心在上海。南社受同盟会影响，取"操南音，不忘本也"之意，宣传资产阶级民主革命，提倡民族气节，反对清王朝的腐朽统治，为辛亥革命做了非常重要的舆论准备。

南社规模宏大，社员总数曾达到1180余人，持续时间也很长，从最初的南社，到叶楚伧与柳亚子等8人发起组织的"新南社"，和后来的南社湘集等算起，前后延续30余年。以《南社丛刻》为阵地，发表社员的诗、古文、词创作共22集，是当时影响最大的资产阶级革命文化团体。

由于南社的重要成员中，除了周庄人，也有周庄之外的昆山人，所以，他们经常会到昆山雅会，饮酒赋诗，长歌慷慨。1920年，南社成员柳亚子抵达周庄，邀文人逸士陈去病、王大觉、费公直等人，四次相聚迷楼，乘兴赋诗，慷慨吟唱，创作诗歌。之后将赋诗集成《迷楼集》付梓，柳亚子有诗句"贞丰桥畔屋三间，一角迷楼夜未关""楼不迷人人自迷，夭桃红换蘼芜绿"等，清风美韵，流传悠远。迷楼因此声名大振。

迷楼的旷放之歌只是表象，南社才子们通过迷楼相会，商议国事，做出宣传革命文学的方案。随后，《日曜日报》《蚬江

迷楼

声》《新周庄》与《新黎里》《新盛泽》等报刊如雨后春笋，为新文化大张旗鼓地做了启蒙宣传。柳亚子晚年定居北京，还写了一篇文章《怀念周庄》，其中回忆道："尝集里中卖浆家曰迷楼者，酣歌痛饮，穷日夜忘返，予季率初则刻其诗为《迷楼集》行事矣！"

一群有理想、有才华、追求进步的南社饱学之士，效法前贤，赋以兴寄和隐喻，以诗酒文化的形式，表达忠贞爱国的气节。南社社员陈戴人的诗句，最能写出南社迷楼活动的实质："元龙豪气有千秋，郁塞胸中结垒丘，写恨迷楼题句在，旁人错道是风流。"迷酒而不迷心，更清醒地追求革命理想，才是南社社员的本质。

1993年，破败的迷楼得以重新修葺，仍保持当年原貌，古色古香，集小桥、流水、人家的水乡美景，成为古镇周庄发展旅游的高雅人文景观。现在的迷楼为民国时期建筑，有二层堂楼，依河而筑，硬山式顶，哺鸡脊。楼内一间房专辟成蜡像馆，柳亚子等人围桌而坐，举箸畅谈，"小楼轰饮夜传杯"，情景栩栩如生。还展出了大量的实物史料，为昆山市文保单位。迷楼外面依水傍桥，楼外景色依旧迷人，不失迷楼风范。

迷楼的价值，不在于古楼的建筑价值，更多的在于人文。文人向来是名胜的灵魂，一如崔颢的黄鹤楼，王维的阳关，李白送孟浩然的广陵，张继的枫桥，范仲淹的岳阳楼，王勃的滕王阁。迷楼就是因为这些南社的文人而"迷"的，文人让它有了人文的气息。

2004年7月，迷楼被公布为昆山市文物保护单位。

周庄玱珩西楼

周庄玱珩西楼位于
昆山市周庄镇后港街30
号，周庄古镇区正门贞丰
泽国牌楼检票口东侧，
南接后港街，北靠全福
路。这是一座保存相当
完好的清代末年建造的
西式洋楼，为昆山市第
五批文物保护单位。

玱珩西楼

玱珩西楼是原来玱珩山庄的一部分，该宅院原是清朝典当房，
清光绪十五年（1889），由周庄人朱缅绍购得，他对山庄进行了改
造。玱珩山庄原来面积很大，有五进，院中有青石古井一口，宅内
楼舍、高墙、假山、峰、谷、岩、溪俱全，现在都已不存，只剩下这座
玱珩西楼。

朱缅绍三子朱之蒂聪明内向，16岁不幸早逝，还没有字号，朱
缅绍深为悲痛，追取字号为"玱珩"，玱乃玉击之声，珩是美好佩
玉，"玱珩"名字因此而来。

现存的玱珩西楼是这座建筑的后进，属于民国时代的红砖廊
庑洋房。既有民国建筑风格，也有西洋风格，三间二层，硬山式顶，

仿西式洋房,占地面积有605.14平方米,建筑面积272.3平方米。建筑坐北朝南,原来为三开间,后期进行过增加。

这个保存完好的建筑,不知道为何和私塾结缘,一直成为私塾的所在地。清光绪二十四年(1898),周庄人朱士声捐资在这里北部的永庆庵设立贞丰第一改良私塾,延聘教师教授本村弟子,带来了乡镇办私塾的风气。周庄很多人开始延请教师来教授本村子弟,形成风气。这个玲珑西楼,也成了私塾。半个多世纪的岁月,这里子弟如云,匆匆往来,读书声琅琅不绝。

清同治七年(1868),巡抚丁日昌以地租为经费,聘请教师在周庄兴办四乡义塾,大儒诸福坤曾经在周庄颖村开设私塾,柳亚子的父亲柳念曾、叔叔柳慕曾,还有陈去病和叶楚伧等,都是这位大儒的门下弟子。据说,昆山沦陷后,这个具有浓郁的民国风味的房子,也曾被侵华日军当作管理周庄的政务用房,因形势变化很快,日军没待多久就离开这里,所以该建筑破坏不大。

1952年,人民政府取消了私塾,改建民办小学。周庄的玲珑西楼这个百年私塾楼也随之关闭。后来曾在这里开设过竹壳厂、皮鞋厂、社区卫生室和纸箱玩具厂等,其外部风貌基本没有改变。

玲珑西楼在2013年被列入昆山市文物保护单位之后,就开始了保护规划工作。2017年前后,由昆山水乡周庄纸箱玩创意设计有限公司委托,苏州蒯祥古建园林设计有限公司设计,对玲珑西楼进行修缮保护及整治设计方案,对部分结构进行了加固和维护工作,以保证这座民国风格的小洋楼能够得到最大程度的保护。

如今的玲珑西楼,地理位置优越,正好处在周庄风景区正门入口处东侧。经过修缮,这座西式小洋楼的面貌焕然一新,重回颜值巅峰。走入西楼,浅褐色的粗大的砖砌廊柱,古雅的青砖楼梯,联排木质的门窗,那种庄重典雅的厚重感,精致入微的细节感,百年沧桑的历史感,都涌现了出来。

古镇多明清建筑，玲珑西楼则是典型的民国建筑。走过贞丰泽国牌楼，进入古镇区，人们匆匆前行，很容易忽略它。其实它就在街巷西侧。这里原先是朱姓人家建于清光绪十五年（1889）的住宅，在时光变迁中，五进建筑仅存一栋于民国年间增筑的青红砖洋楼，算起来也有一百多年历史了。它无疑象征着古镇发展史中的重要一环。

自2006年8月起，这里被辟为游客接待中心。

千灯石板街

尚书浦

　　千灯石板街位于昆山市千灯古镇，与美丽的尚书浦平行，在永福桥至种福桥之间，贯穿千灯镇老街，是千灯古镇最有名也最有代表性的古镇建筑。

　　在古老的千灯古镇，尚书浦是最核心的交通要道。只有水乡人，心里才对桥梁、河道有特别的感觉，知道它们对于水乡生活的重要性。这是水乡的血脉，大大小小的船只满载货物从这条水道出发，各种各样的商品也沿着这条水道进来。这条河道承载的物品，牵连着水道两边的枕河人家的日常生活。

对于枕河而居的水乡来说，这是经济最繁盛、商业最发达的地带。尤其是元代通海贸易十分发达，尚书浦承载的交通任务也更加繁忙。那么，沿河两岸，商铺林立，酒肆罗张，人居密集，一条重要的街衢的产生，就自然而然了。

毫无疑问，石板街就是最适合水乡的经济耐用的街道了。

石板街的产生，最早始于南宋，经明、清两代多次延伸修缮。清末，由千灯里人方远清发起，请朱家角名师王世昌重新设计修建，完善格局，形成如今0.34平方公里的古镇区。

这条古老的石板街，南北向，全长1.5公里，现保存石板2070块，石条长1.3~1.65米，宽0.25~0.37米。保留石板地面的街道宽2.5~4米。

这条石板街的设计看似平平常常，其实内藏壶奥，在不经意之中巧设机关，平淡朴质中寄予智慧。路面是人行道，石板下是下水道，下水体系发达而通畅，既与每家每户的下水道相通，也和河道相通，即使倾盆大雨，也排泄畅通，雨停水干，从不积水。

石板街经济耐用，修理便利，是科学性和实用性良性结合的典范。它虽然朴质，无声，甘于寂寞，却在几百年的光阴里，承接着一个古镇的人行走的重量，连通着一个古镇的人的生命轮回。

千灯的这条石板街并不宽大，两边小楼相依，屋檐相对，简直就成了一线天。有人说：隔街可以携手授碗，这是一种特有的小镇风貌。石板街两侧的房子多为二层楼的古建筑，建制都

千灯镇石板老街

是水乡那种常见的前店后宅。河道就是交通，所以前面的门户，基本就做店面用。用今天的话说，几百年前的这条石板街，其实就是千灯古镇最繁华的商业街。

不信，看看数字就知道了。在石板街中，昔日望门大宅的古建筑群，占到古镇现存老房子的80%。千灯石板街，历来有"南顾、中余、北叶"三大户构成之说，三户商业大户全部集中在石板街上，整条街呈现的是一片繁华的商业景象。

石板街的建构也非常巧妙。这里前后有7座石拱桥，陆续建于明清时期，将古镇的水、路、宅融合为一。桥连通水和人家，水连通内外交通，路又连通人家和宅院，高高低低，回回环环，将分散的人家连接成相互勾连、有机联系的一个整体。

这里是"淞南首镇"千灯一度的繁华旧梦。即便是在今天，游客从许多典雅端庄的旧庭院建筑中，从大砖石精致大气的雕琢花纹上，也能感受到千灯曾经拥有的辉煌与气派。一条街的风格，反映出一座古镇的味道，这也只有这条石板街能够做到吧。

千灯的石板街，是整个江南古镇里保存最完整、最长的一条石板街之一。

如果我们有一个更好的视角来俯瞰这条石板街，那种景致真的令人赞叹。青色的屋檐廊檐如大大小小的鸟翼，高低错落，以不同的姿态连绵成一体，向下方倾斜。这里承接天上的雨水和霜雪，给民居人家以安全的庇护。站在千灯石板街上往南望，一条一条青石板向着前方曲折迢递；往北望，一条一条青石板向着北方曲折迢递。人在石板上行走，水在脚底下流，各有各的道，谁也不妨碍。那种幽谧，那种自在，那种闲情，那种风韵，还有历经几个朝代千年的古朴自然，那就是石板街的深沉味道吧。

街道本就狭窄，加上悠长而曲折，这里就比戴望舒诗中长长的雨巷更显得狭窄。北方人走到这里，望着小街两边的木质阁楼，和

阁楼上面的精致花
纹，或者从阁楼里随
意伸出来的一枝黄
花，往往充满遐想。

楼阁下面，就是
那条静静的石板街。

以石板街为核
心的千灯古镇的大
部分民居，都依河而
筑，居民临水而居，
保持着明清时期"水
陆并行""河街相
邻"的棋盘式格局。
古镇区现存古河埠
200多个，从功能上
分有公共大码头、南
货及染坊码头、独家
河滩等，从形式上分

千灯石板街

石板街尚书浦沿岸

为双面内八字、外八字、楼下式、背弄式等。各具特色的民居和花岗
岩筑成的河埠，保持着水乡古镇的原始风貌。

这石板街是有生命的存在。虽然已经经历了几百年，却一点不
觉得苍老或者沧桑。在石板街里，看不到青苔深长，看不到荒寂寂
寞。因为这里变成了古镇旅游区，人来人往，人声喧闹。顾坚纪念
馆里的笙歌弹唱，顾炎武故居的万卷诗书，还有余氏当铺的风情，
各种传统海棠馅饼与袜底酥的叫卖，一度繁华如梦的盛景，在这个
时代卷土重来。旧和新，古和今，在这里美妙地交织，浅吟低唱，几
度轮回，这是多么富有趣味的事。

石板街，在新的现代文明的生态中获得了新的生命。正如今天的人们，在这种古老传统的水乡建筑中，找到了返璞归真的心灵归宿。从南街种福桥至北街永福桥，整个石板街，都回荡着这种古朴、繁华、悠长、古远的幻梦。

在烟雨江南的水乡，可以找到无数条这样的石板街。

但是只有一条石板街能够承载这样厚重的文化含量，能够承载一个民族的希望，走向全国，走向世界。

也许正因为这样，这条千灯的石板街，才是令人仰视、令人赞叹的吧。

巴城老街

巴城老街位于昆山市巴城镇西大街，始建于明代，清时形成了街肆。街道东西长约200米，现存街巷为清末至民国年间建筑，用花岗岩条石铺成，宽度很窄，仅容三人并肩同行，保存基本完好。1997年，被公布为昆山市文物保护单位。

江南的石板街，基本上都是这样的样态。因为要用青石或者红色石板来铺砌，造价相对很高，所以街巷基本都很狭窄，狭窄到只比一条石板的长度略宽些。为了充分利用空间，两边民居、商店屋檐都向中间挑出，使老街显得更加狭窄，只剩下仰头而望的一线天空。

巴城老街还保留着一个古井，古井上面的字迹还清晰如昨，写着"清泉"两个字。古井的历史应该很悠久，旁边青苔深沉，绿草从青砖缝里

巴城老街

清泉古井

挣扎出来，别有一种古意和生机。

巴城老街只有200米长度，距离比较短。但是在老街的旁边，横着竖着都有河流环绕，发达的水系如同曲折的弯道，环绕这条古老的街衢，向外连通远处的江河。这是一个小而能远的地方，是一个有古有今的地方，也是一个如梦如幻的地方。曾经的繁华给这条老街周边留下了沧桑的河埠驳岸、古树老槐、古桥古宅这样的历史遗存，等待着新的文明的重新唤起。

2005年4月，巴城镇党委、政府把古镇与老街的修复改造列为惠民实事工程，组建成立巴城古镇建设发展有限公司，对古镇与老街的河埠驳岸、石板街两旁清代和民国时期的古建筑进行修复与改造。本着"修旧如旧"、尽量保存老街原貌的原则，巴城民俗馆、明清家具馆、崇宁寺、临河长廊等逐步修复，一些巴城的老字号商铺也相继恢复营业。

2006年，经过修缮后的巴城老街从沉睡的旧梦中被唤醒。

这一次的唤醒，很显然是用了巧妙的"心机"的。所以，当巴城老街被唤醒的时候，我们看到，她是带着一种特有的文化意蕴、文化姿态，出现在世人面前的。

毕竟，石板街对于水乡人来说，一般都是一个乡镇的中心，构成了这个地方的繁华区，是一个地方的灵魂所在。巴城自古以来，就以淳厚的文化底蕴而自矜。阳澄湖畔，傀儡湖边，行头浜上，昆曲的因子一直就在这里产生、培育、滋养。加上近现代各种文化的繁盛，老街的复苏带上文化的因子，当然是最自然不过了。

营造老街的文化氛围，巴城镇政府首先打造的就是博物馆特色，一批精品藏馆先后在这里落户。玉峰古文物展览馆是最有代表性的水乡古文明博物馆。这里展示了从新石器时代起的历代灿烂的古陶器，精美的古玉器，端庄雄伟的青铜器、兵器，镜、文房珍玩等近400件文物。这些汇集了大江南北纵贯上下五千年的文物，每一件都有它的来龙去脉，都代表着一段历史、一份智慧、一种艺术。

在玉峰古文物展览馆里，展示的还有一些近现代的文化。收藏有《人民日报》编辑朱育莲的400余件藏品，分为陶瓷、青铜、玉器、文房四宝四部分，另馆藏多件国家一级文物。文物馆建成后，朱育莲先生的好友王同宝先生又把自己收藏的300余幅当代书画家的作品捐赠给老街。藏品覆盖全国，其中包括陆俨少、亚明、宋文治、魏紫熙、林散之、陈大羽、高二适、武中奇、赖少奇等当代书画名家的作品。

巴城是阳澄湖大闸蟹的故乡，所以，蟹文化博物馆也跟着落户老街。这里用实物、图片、文字说明、电子灯光影像等手段，比较翔实地把蟹文化展示在游客的面前，让人们了解阳澄湖大闸蟹的"前世今生"。在原产地介绍这种名闻全国的特产，自然别有风味。这里也成了国内第一个介绍展示阳澄湖大闸蟹的展馆。

然后就是江南木雕馆，收藏有巴城土生土长的工艺大师倪小舟的木雕作品，有"鱼化龙""孔子问道"等立雕、座雕、花雕400余件。包括从全国各地搜集的150余件木雕精品，这些精品代表了江南历代木器雕刻作品的艺术成就，比较完整地体现了明清近500年的民俗民居文化。

然后就是昆山的"三宝"之一的昆石馆。这里收藏了昆山收藏家严健民精选的50块昆石，馆内收藏的昆石分为10多个种类，分别按其形态特征，命名为"鸡骨峰""杨梅峰""胡桃峰""荔枝峰""海蜇峰"等。

还有一个东宝笛馆。1954年出生在巴城老街的陈东宝，从小喜欢文艺，擅吹笛子，有过一段艰辛的流浪艺人生涯。其录制的《流浪笛声》，得到专家、大家的认可和支持。中央电视台播放了他的专题片。古建公司为其量身打造了房子，陈东宝则将倾力收藏的数百件笛子珍品，甚至是绝品呈现给广大游客。

这些博物馆和收藏馆已经构成了巴城老街的特色。很多慕名而来的游客都会到这些具有文化底蕴的收藏馆中浏览学习，从中领会古镇老街的传统文化风韵。

老街的复苏，自然也少不了昆曲的元素。巴城致力于打造"昆曲小镇"，昆曲元素的文化，在老街之内、老街之外都有展示。

在老街之外，制作了一条开放式的南北走向的绛紫色文化长廊，采用苏州园林式的工艺，粉墙黛瓦，轩廊交错，配上池沼、荷花、牌坊、亭榭，古色古香，隽永悠长。由南向北，依次陈列着昆曲创立400余年来的巴城籍文化名人雕塑，比如梁辰鱼、顾阿瑛等等，雕塑形神兼具，宛若真人临境。还有表现昆曲剧目中的场景的，似乎能够听到水磨腔调的悠悠古韵。

老街外面如此，老街里面，更是这样。

这里有两个昆曲工作室。一个，就是昆山著名作家杨守松的工作室醐途楼。醐途楼的位置，正在老街的中心。杨守松老师的《大美昆曲》《昆曲之路》等作品在社会上产生了很好的影响。他在这里研究昆曲，时不时会有笙歌响起，长笛悠悠，茶香四溢，也会有文人墨客在这里举行雅集。一条老街的昆曲文化，就通过这样的工作室，氤氲出来。

还有一个，就是昆曲演员俞玖林的昆曲工作室。俞玖林也是巴城人，他演出的青春版《牡丹亭》在全国引起了巨大的轰动，俞玖林也获得了"梅花奖"。巴城特地将他请过来，在这里开办了工作室。昆曲表演艺术，也在这里得到传承。

俞玖林昆曲工作室的前面，有一个很大的池沼，上面是一座高大的廊桥。悠悠碧水在这里环绕，通向不同的地方，亭台石阶迢递绵延，廊桥上面清风徐徐，绿树葱茏。黄昏

巴城老街夜景

时候，红灯笼朦胧的辉光斜斜映照，昆曲工作室里的笙歌笛音缭绕河上，此情此景，亦古亦今，真是如梦如幻啊！

巴城老街，就是这样一个让人迷醉的文化胜境。

近现代风情

大年堂

大年堂，位于昆山市花桥镇徐公桥村之东。这座建筑是徐公桥小学的几位校友捐资建造的。徐公桥小学的校友黄氏四兄弟因为经商致富，在当年就读的小学内，捐资修建了一座规模宏大的校舍建筑，用于学校教育。同时为怀念已故父亲黄大年的养育之恩，以父亲的名字命名，将这栋建筑取名为"大年堂"。

大年堂正面全景

大年堂门额

大年堂于1949年3月动工，至1949年10月落成，系砖混结构的歇山顶结构，东西两侧为二层楼房，中间为一层中空大厅，北面设讲习台。正门上面"大年堂"三个正楷石雕字为中国现代书法家吴湖帆之真迹，字迹秀美，风格端庄。大年堂为红墙

大年堂奠基纪念碑

紫窗，与周边黑瓦白墙的民居形成了鲜明对比，成为花桥地区的标志性建筑，是昆山市独具风采的中西合璧的建筑。

现存的大年堂，面阔28.3米，进深11.5米，檐高6.48米，歇山顶，清水红墙，建筑面积350平方米，吴湖帆题额的碑石保存尚好。1991年，被公布为昆山市文物保护单位。

大年堂的历史意义，并不在于是校友所建，而在于它和黄炎培创设的徐公桥乡村改进试验区联系在了一起。黄炎培，号楚南，字任之，笔名抱一。江苏川沙县（今属上海市）人，是中国近现代著名的爱国主义者和民主主义教育家，也是中国近代职业教育的创始人和理论家。

他将毕生精力奉献于中国的职业教育事业，为改革脱离社会生活和生产的传统教育，建设中国的职业教育做出过重要贡献，曾参与起草1922年学制，进行乡村建设实验。他选择的乡村试验区就在花桥，具体的办公地址就是大年堂。

徐公桥乡村改进试验区的建立，是当时中国先进的知识分子，探寻民族发展图存之路的一次前沿性的发展实践探索。当时的中华职业教育社，是开启这一实践探索的文化组织。晚清以后，中华民族经历政治腐朽、外族入侵、军事败北、外交失利、文化衰败等一系列问题，面对日益深重的民族灾难，救亡图存成为最紧迫的时代主题，思想先进的知识分子形成"教育救国"之共识："复兴农

近现代风情

昆山城市开放融合实践的文明历程

村为复兴民族之基础。"

中华职业教育社认为，民族危机不只是表现在军事败北、外交失利等政治层面，也反映在平民百姓难以为继的日常生计中。"吾国最重要、最困难问题，无过于生计"，尤其是乡民生计。他们认为解决这个问题的关键"惟有沟通教育与职业"，"认此为救国家救社会唯一方法"，也就是"职教救国"。1926年前后，他们就想从工商业教育进而试办农业教育，但"以中国农村之衰败，而欲致农业教育之有成，事实上有所不能"，于是"特地的转变方向，专从一般农民身上着想，专从一切农村方面用力"。乡村改进事业就从这里发轫。

中华职教社办事部主任就是黄炎培先生。黄炎培认为，乡村教育"最合理论，最切事实的"的办法莫过于"就农村划定范围"来进行。1925年8月，议定划区试验之法。次年秋，与国立东南大学农科、中华教育改进社、中华平民教育促进会共同创办了徐公桥乡村改进试验区。徐公桥南滨吴淞江，东距安亭三里，交通便利，是江南水乡一处典型的日常共同体，其中商户约20家，经营茶馆、杂货、米业、染坊等业，"是一个具体而微的小市场"，周边大小村落28个，446户，约2000人。这样的乡村条件，很适合做实验区。中华职教社针对这个徐公桥乡村改进试验区，编成六年计划，预计至1934年试验告一段落，移交地方接管。

1928年4月，黄炎培在昆山花桥创办中华职教社全国第一个乡村改进试验区，即徐公桥乡村改进试验区，并成立徐公桥乡村改进会。1929年1月，徐公桥乡村改进会的中心礼堂——无逸堂落成，除礼堂外还有图书馆、音乐室、种子室、信用合作社、医药室、办公室等。实验区以"富教合一"为方针，以"乡村自治、教育普及、生产充裕、娱乐改良"为宗旨，致力于以义务教育等社区工作为中心的乡村改造行动，将"五四"以来关于乡村改造的种种理论探讨付诸社会

大年堂

实践，揭开了中国近现代乡村教育试验的帷幕。

这个实验区工作至1934年6月结束，无逸堂等设施移交地方。1943年，昆山蔡延干等利用徐公桥乡村改进会的旧址开办私立震川初级中学，1947年改公立震川中学分部。新中国成立后，震川中学徐公桥分部移交昆山县，改为徐公桥小学和徐公桥初级中学。2019年3月，徐公桥乡村改进试验区旧址被省政府公布为第八批江苏省文物保护单位。

大年堂北侧有单层耳房，西侧与无逸堂以走廊相连。1982年，学校扩建，无逸堂被拆。大年堂保存完好，已辟为徐公桥乡村改进试验区史迹陈列馆，2019年7月19日正式开馆，纪念黄炎培先生在花桥掀起的乡村改进试验区运动。

在徐公桥乡村改进会总指挥部的竹篱笆上，有醒目的三句话："乡村自治是救国的根本""农产增进是富国的根本""农民教育是人类进化的根本"。这三个"根本"，是黄炎培先生"大职业教育主义"的精髓，也是徐公桥乡村改进的宗旨。虽然由于各种原因，徐公桥乡村改进试验区并没有维续很久，但是以黄炎培为代表的杰出的教育家们"教育救国"的先进理念，以"乡村经济"为根本的发展社会经济的宝贵思想，成为我们重要的精神财富。

中山堂

中山堂位于昆山市玉山镇新阳街西首,南后街下塘18号。这个位置虽然在市中心,却隐藏在幽深的花草深径当中,闹中取静,精致玲珑,独享一份清雅宁静。

中山堂正面全景

中山堂原是昆山新阳县衙门旧址,1934年,为纪念中国民主革命先行者孙中山先生的丰功伟绩,昆山各界发起集资筹款,由邑人俞楚白工程师设计,上海某营造厂招标承建。这项工

中山堂正门及彩绘

程于1936年5月奠基,同年11月竣工,共耗资10万元,面积710平方米,为当时昆山最大的公共建筑物。

也有材料说,中山堂兴建于1936年4月15日,当年12月5日竣工，总建筑面积800平方米，耗资2.3万元。

最初建起的中山堂，具有浓郁的传统古建筑风格。设计采用了绿色、黄色、蓝色、白色相互搭配的底色，其中以绿色为主要色调。在殿堂的正脊上，以绿色为底色，黄色大字，题写着"天下为公"四个大字。这是孙中山先生的主旨思想，也是辛亥革命的主旨思想。

在中山堂建筑的屋脊上，也采用了脊兽的设计。左右都有龙头的造型，加上两边各留多个脊兽，仰头向天，似啸似吼，威武庄严。正殿上方是斗拱设计，斗拱屋檐用沉稳的青瓦铺设，枋间是彩绘，正中间的位置有蓝底花纹的彩绘，上面是二龙戏珠装饰。二龙和龙珠都为金色，华美庄严，烘托着"中山堂"三个大字。

西侧的斗拱用长长的绿色彩绘，下面穿插黄色，如同一条绿色长龙，盘曲在殿堂的屋檐下面。这样的彩绘风格在别处很少见，给人清雅大气的感觉。墙壁以淡黄色作为底色，上面配上八角形的窗

斗拱及枋间彩绘

中山堂西侧斗拱

檐角走兽

户，或者长方形红木格子窗户，端庄优雅，又有江南建筑独特的秀美精致，设计十分精巧美妙。

在抗战期间，中山堂遭到日军轰炸。"八一三"淞沪抗战开始后，昆山遭受日军轰炸，中山堂东北角被炸塌，直到1939年底重新修复。抗战胜利后，这里又进行了重修，在堂北地方，添建3间平屋，讲台被改造成舞台，扩大面积80平方米，成为昆山当时唯一的大会堂。

新中国成立后，政府再度对中山堂进行修葺，昆山县第一次重大集会就在这里召开。1949年至1966年，这里长期作为大会堂使用。"文革"期间，中山堂被视为"四旧"，遭到严重破坏。屋面漏水，天棚脱落，构架腐烂，门窗残缺。一直到十一届三中全会召开，根据三中全会精神，政府注入资金，再度启动修复工程。

这一项修复工程于1987年8月14日正式启动，至1988年3月21日竣工，历时一共7个月，耗资30万元。这次维修主要对内堂结构进行调整，以中间承重梁为界，分南北两部分，北面为会堂，南面为大小活动室和门厅。

1988年4月，市政协机关迁入中山堂办公。1990年9月起，在中山堂周围种植各种花木，点缀太湖石等。1991年，被公布为昆山市文物保护单位。1993年以后有多次维修。1994年，中山堂南大门修复。1997年4月至9月，进行中山堂西南侧庭院绿化，堂前50米石上，题有孙中山先生的名言"天下为公"。

2003年，昆山市人民政府出资150万元，重新修缮中山堂及四周环境，绿化改造庭园，该处成为昆山市政协和老干部活动的重要场所。

如今的中山堂建筑群，占地面积已经有6000平方米，建筑面积960平方米，风格为花园式庭院。周边环境优美雅致，一年四季树木常青，亭台楼阁、鲜花异石皆具，是具有民国建筑风格的优雅、安静的美好场所。

中山堂从成立之初，就是为了纪念旧民主主义革命先驱孙中山先生。中山堂近百年的历史风雨，也折射了中国近百年的历史发展路程。瞻仰观望，令人赞叹。

振东侨乡

振东侨乡

　　振东侨乡是苏南地区唯一的华侨村,位于昆山市周市镇东方村。在昆太路北侧与太仓交界处。现保留28幢民国时期的建筑,均为歇山式建筑,楼房基本格局是中式屋顶,下部为西洋式结构,分别显示出中西合璧的西洋风格的建筑,红瓦灰砖,特别醒目,与其他的建筑相比,显得与众不同。

　　这里的建筑,墙面大多用青砖砌成,中间夹几层红砖作为装饰性的线条,与门窗的线条相协调。楼的背面是单层的附房,窗户基本上是百叶窗。平房的正面大多带有前廊、内部穿堂走廊,屋顶四周有半米宽的屋檐。斑驳的红砖墙,古朴的罗马柱,让它们表现出来的风格很西化,洋房周围多种植苏南地区少见的橘子树、柚子树、棕榈树,四季都有色彩,又带着南洋风味。整个建筑群显得安

振东侨乡建筑

闲而幽静。

可以这样说,这种风格的建筑,既不是南洋风格,也不是民国风格,也不完全是西洋风格,是三种建筑风格的混合。这是那个时代特殊环境的产物,这样的建筑风格,在全国都是独一份的。

这里房屋的建制,无论廊道还是房屋的门窗,全是圆拱形的,红白蓝色相间的色调,表达了不同的文化审美。这种风格有民国时代的建筑风情,也接受了西方花园风格的影响,带着浓浓的民国情调和南洋特色。

《昆山县志》《新镇镇志》和《振东侨乡创建小记》(伍胜松)等记载,振东侨乡始建于1923年,由曾任孙中山先生正、副卫士大队长的加拿大归侨黄湘、马湘两人为首发起,美国归侨、南京侨务委员会的邝卓生负责经办,吸引一批希望归国家居的海外侨胞入股,筹资56000余元,在今周市镇东方村以5000元价格,从岑春煊后辈手中收购一家停办多年的垦殖公司,创办了振东农垦公司,土地面积为1008亩,建立居民点,开垦荒地,浚辟鱼池,共建造西式住宅楼62幢,并建有议事大楼、学校、农产品加工厂、仓库、浮水码头等公共设施。

被吸引来此参加生产和定居的侨胞共有62户,297人,其中美国归侨28户,129人;加拿大归侨28户,142人;从墨西哥、澳大利亚、新加坡、日本、缅甸等地归来的各1户，共26人。当年振东归侨的籍贯大多为广东台山，他们之所以选择昆山作为生产生活基地，应该是看中了这里临近上海交通方便，发展空间广阔，希望能在这里安居乐业。

创办初期，振东侨乡建造的房子有30多栋，后来扩大到62栋。在荒地上矗立起来的中西合璧的西洋红房子，"四面多开窗户，室内有卧房二处到四处，都有浴室、厨房、厕所、会客厅。门前有花园，四周围以竹篱或短墙"。这些来自海外的广东籍移民，都有海外背景和国际视野，带来了一些新的生活范式和生产理念。所以当时有报道说"是乡村建筑的模范，可作社会建设借镜"，"改良农村建筑的先进者"。

振东侨乡的形成与孙中山先生领导的民主主义革命密切相连。振东侨乡的发起者，就是曾任孙中山先生正、副卫士大队长的加拿大归侨黄湘、马湘两人。振东侨乡的一些居住者，也有和孙中山先生有关的人物。《江苏省志·侨务志》："黄贯一等人从英美归来，在昆山建设振东乡。"《上海通志》记："黄贯一曾担任位于上海四川路长城影片公司经理。"这位从美国归来的广东人，在1924年11月17日孙中山先生从香港到上海时，作为美洲的中国国民党代表前去迎候。孙中山先生逝世的时候，他也作为代表去灵前行礼。

振东侨乡建筑

可知他的身份,也是一位革命者。

　　黄贯一是旅美归来的爱国华侨,当时为了抵御美国辱华电影,他们几个爱国华侨一起创办了长城影片公司,提倡社会教育,介绍中华文化。他就是振东侨乡的一位革命者。

　　还有一位居住在振东侨乡的革命志士,名叫马绍裘,他生长于加拿大,20世纪30年代回到祖国,来到了振东侨乡。后来他就读于苏州东吴大学,加入了中共地下组织。随后他在陈毅同志的司令部保卫科任职,同他一起回国的妹妹也在新四军军部电台任发报员。马绍裘同志不幸于1943年牺牲于苏北东台,牺牲时他才29岁。所以说,振东侨乡的归侨和他们的后代们,不仅对当地经济、文化的发展起了一定的作用,也为革命事业做出了贡献。

　　振东侨乡的建筑风格独特,重要的是其历史形成过程与孙中山先生领导的民主主义革命密切相连。为进行有效保护,2005年,振东侨乡被公布为昆山市控制保护建筑。2009年,被公布为昆山市文物保护单位。2015年,周市镇政府再次组织对振东侨乡建筑进行维修,已修复4幢建筑,面积500多平方米。现在,整个振东侨乡都已经被保护起来,整个保护区总占地面积72412平方米,建筑面积3371平方米。

　　为进一步推动振东侨乡的发展,2016年4月起,选取振东侨乡南洋路59号别墅作为“孙中山与振东侨乡”陈列馆,并组织实施布馆等相关工作。馆内陈列了有关孙中山先生的资料史迹,包括孙中山与近代昆山人的友谊、对近代昆山的影响、其建国方略在振东侨乡的实践等珍贵的历史资料。这不仅是一个展示孙中山与振东侨乡历史文化的平台,更是一个保护传承优秀传统文化的重要载体。

五丰面粉厂旧址

　　五丰面粉厂，承载着很多昆山人的记忆。

　　在过去的百年岁月里，昆山很多人的胃，都和这个面粉厂有关。这个蓝色的印记斑驳的建筑，曾经是多少人梦里美好的地方。

五丰面粉厂旧址

　　五丰面粉厂旧址，位于昆山市朝阳街道小滾岸社区小西门。昆山的制粉工业化，开始的时间非常早。因为上海作为一个国际大港口的地位日益明显，昆山沾染风气之先，开始了工业的现代化步伐。

　　这种工业的现代化，表现在各行各业。制砖厂、电厂、蚕种厂等等，当时都是位居前列的工业。那个时候的昆山，甚至已经发展起股份制公司，在上海的报纸上登广告销售股票，可见当时的工业非常发达。可惜的是，这些宝贵的工业遗迹，基本上都没有保留下来。

　　因此，五丰面粉厂旧址，让我们感觉非常珍贵。

　　大约20世纪40年代初，一些有识之士纷纷将产业引进昆山。粮商张国梁等筹集资金，于1942年建立了集丰面粉厂。同年，五丰面粉厂于正阳桥建成开业。1944年2月，鑫丰机制面粉有限公司在

五丰德记面粉厂股份有限公司股票

杨湘井亭港开业。

三年间，昆山面粉厂从无到有，一下子发展到3家。1944年7月，五丰面粉厂迁至小西门，新建三层楼的大厂房，以扩大生产，单磨增至7部，日产面粉500包。这个时候的五丰面粉厂，是准备大干一场的。他们适应当时公司现代化的形势，将"五丰面粉厂"改名为"五丰德记面粉厂股份有限公司"，发行股票，当时的股票价值是十股计国币一千元。这样的股票，现在还有保存。

然而，对于市场的风云变化估计不足，以及资本市场的运作不熟练，雄心勃勃的五丰面粉厂因为经营不善，面粉质量无法保证，产品积压、资金周转不灵等原因，不得不转让给昆山人王富亭，更名为"天丰面粉厂"。

1949年5月，昆山解放时，昆山有天丰、集丰两家面粉厂，日生产加工面粉2090包。1950年，集丰面粉厂因资金短缺停业。天丰面粉厂在政府的扶持下继续经营。

1953年，粮食实行统购统销，严禁私商经营粮食，转为代国家加工。1956年，政府开始对私改造时，昆山就只剩下天丰面粉厂一家，后更名为"公私合营天丰面粉厂"，新建改造厂房，更新设备。

1965年，天丰面粉厂并入国营第一米厂，改为面粉车间。1977年，这里建成了卷面车间并投入生产。1982年，国营第一米厂撤销，成立国营昆山面粉厂。

现存的五丰面粉厂，即五丰德记面粉厂股份有限公司的旧址，是四层的砖混结构，建于1944年，建筑面积552平方米，主体结构保存较好，基本保持了民国时期的建筑特点和风貌。

在这个建筑的墙壁上，还保留着一块刻文，上面写着"中华民国三十三年十月建造"。这个建造时间，应该就是这个面粉厂的建筑的落成时间。斑驳的古墙，沉埋的记忆，曾经的历史辉煌，都在这块刻文中，被唤醒了。

民国时期的民族工业，对中国的科学技术、社会经济等方面，都产生了深刻的影响。工业遗产，就是这一影响的历史见证。尤其是昆山的工业

五丰面粉厂旧址

"中华民国三十三年十月建造"刻石

遗产，对于今天昆山经济的迅速发展，都有很大的引领启示作用。这样宝贵的遗产，昆山却很少保留下来。五丰面粉厂，是一处具有一定价值的工业遗存，它给后人留下昆山在20世纪四五十年代工业起步到发展的重要历程，尤其是近现代工业化的社会发展轨迹，目前，昆山市的民国工业旧址保存下来的仅此一家。

五丰面粉厂，包括股票制后的五丰德记面粉股份有限公司，再到天丰面粉厂、公私合营天丰面粉厂、面粉车间、卷面车间、国营昆山面粉厂，从民国时候建立，经历了新中国成立、社会主义改

文物可阅读

造、改革开放的风风雨雨，这一百年的历史，五丰面粉厂的名字，正印证着百年间社会经济出现的各种变化，从一个侧面反映出那个时代的经济状况和发展特征。这是五丰面粉厂承载的宝贵记忆，也是无形的文化资产。

2009年，五丰面粉厂被公布为昆山市文物保护单位，2010年进行了修复。

陈墓区公所旧址

陈墓区公所旧址，位于昆山市锦溪镇天水街与下塘街交接转角处，西北边沿街沿河，河畔生长着数棵高大的古香樟。整体白色的建筑置于绿水高树之中，别有一种古朴和清雅。

陈墓区公所旧址

陈墓区公所旧址，现存有前后二层楼房两座。整座建筑为硬山式顶，小青瓦屋面，属于典型的民国建筑。

建筑的正门是欧式的拱券门，造型非常独特。给人的感觉，就是设计师想要表现出一种奢华典雅的风格，所以将西方的建筑装饰引入进来。这在当时应该是非常少见的装饰风格。

在欧式拱券门的正上方有一重横栏，横栏上面是三角形边沿的造型，里面是雕刻的花纹。在江南传统建筑中，三角形形状就是从未见过的造型。

三角形造型的左右两边，各有一个长方形装饰，左边凹进去，露出里面排布整齐的砖，右边凸出来，上面有阳刻的浮雕花纹。两个长方形装饰上方，又各有一个三角形小窗，和中间的三角形雕刻

文物可阅读

相互呼应。

这样的建筑风格，有点类似欧洲的哥特式建筑，在繁缛中显示出华贵的风格。这在现存的民国建筑中也绝无仅有，非常独特。说明设计师是将西方的某种建筑风格用在了这个建筑上。建筑的地板、门窗多为木制。整体保存情况较好，门窗局部有糟朽现象。

1911年，辛亥革命后，废除了过去的封建官制。昆山、吴县陈墓增设了区、镇（乡）两级行政机构。1912年，昆、吴、陈墓各设自治乡公所，由乡董主持日常事务。1929年，昆山县陈墓为第六区，区公所设于陈墓，设区长及办事人员，陈墓另设镇公所。1936年至1939年，昆山县第六区区公所设在陈墓乡，设区长和办事人员。1937年冬，日军入侵，国土沦陷，区、镇机关自动解散，吴、昆陈墓镇成立维持会。

所有的机构，不管怎么变更名称，地点都在这个白色建筑里面。

1942年至1945年，昆山县第十一特别区区公所设于陈墓，设区长和办事人员，另设乡公所。1945年至1947年，又分别设镇公所。1948年至1949年4月，吴县陈墓乡属乡，设乡公所。区公所为昆山解放前乡镇的行政机构，具有一定的历史价值。1946年，这里是基督教堂的浸信会分堂。1950年有教徒20人，1951年有16人，新中国成立后逐渐衰落。

陈墓区公所旧址

从1911年辛亥革命开始，到1946年这里成为基督教堂的浸信会分堂，30多年间，这一个看上去并不大的二层建筑，经历了几多时代风雨，它见证了昆山锦溪频繁变换的行政变迁，也见证了辛亥革命之后昆山锦溪发生的几多变化。

不同的人进去,不同的人出来,来来回回,匆匆忙忙,时而往东,时而往西。一直到有一天它再也没有用途,被废止。陈墓区公所历经风风雨雨的变迁,是整个时代风云变幻的物证。它以沉默的姿态,无声的言语,记录着时代骤然来临的风雨,骤然逝去的烟尘。

区公所这个旧民主主义革命的产物,带着旧民主主义革命的痕迹。虽然历尽沧桑,它还是保留了下来,成为昆山为数不多的带有辛亥革命印记的一处遗址。

2009年,陈墓区公所旧址被公布为昆山市文物保护单位。2011年12月,陈墓区公所旧址作为苏州地区解放前乡镇的行政机构重要实证遗存,被省政府列为第七批江苏省文物保护单位。

正仪火车站旧址

正仪火车站旧址

正仪火车站旧址，位于昆山市正仪上塘街247号，正仪老街的最北面，北近靠沪宁铁路，西临渭塘河，东南面都为民居。这是昆山最早的车站之一，历经一百多年的风雨变幻，也是昆山唯一的老式车站遗址。2009年，被公布为昆山市文物保护单位。

在一百多年的历史沧桑中，这个位于阳澄湖东南岸的地方，一次次经历着时代风雨的冲击。在近现代，正仪这个安静的古镇逐渐苏醒，在整个中华的历史风云不断冲击下逐渐活跃起来的。

清末，英国人取得了上海到南京铁路（即沪宁铁路）的筑路权。光绪二十九年（1903）动工，光绪三十四年建成通车。事实上，正仪火车站在光绪三十二年就已经提前开始运营。当时沪宁铁路的上海到苏州段先通车，东自上海安亭入境，经花桥、蓬阆、兵希、陆家、玉山、正仪6个乡镇。从正仪出境西行，境内长34千米，始设

近现代风情

昆山城市开放融合实践的文明历程

305

陆家浜、昆山、恒利、正仪（当时叫"真义"）四站，民国时撤恒利站，先后增设天福庵、西巷两站。1956年，增加新北乡站。昆山站为三等站，其余为四等站。正仪火车站作为四等站，站立在正仪老街北边。

正仪火车站旧址

　　这是一个安静又繁荣的小站，也是这个古镇的"新生事物"。每天上午、下午各有一班东去上海、西往苏州的慢客停靠，客车的时刻表把往西称"上行"，往东称"下行"。这之前，正仪的对外交通主要靠水运，有各种各样的局限性，速度也慢。自从正仪站成立，通了火车，阳澄湖的大闸蟹和各种鱼鲜水产，当天就能销往上海。

　　铁路是一个地方的生命线。正仪火车站的诞生，等于给这个古镇增加了一条鲜活而富有生命力的经济血脉，正仪古镇几乎是一夜之间振奋起来，成为一个连接上海到苏州的重要经济小镇。据说，1936年的夏天，交通部部长叶恭绰专乘火车至正仪站，观赏这里著名的君子亭附近的并蒂莲。后来，每到夏季，沪宁铁路都会增开班次，以方便外地游客来正仪赏莲。正因为四通八达的交通优势，正仪逐渐变成一个繁荣富庶的小镇。

　　但是，正是因为铁路的重要性，在抗日战争中，正仪火车站也成为中国军队与日寇的抢夺重点，双方围绕着正仪火车站，展开过激烈的交锋与抢夺。

　　1932年，"一·二八抗战"爆发，蒋光鼐、蔡廷锴统率的十九路军先后在淞沪前线浴血抗战，阻遏了日寇的进攻。在这次万众一心的抵抗日寇的战争中，临近上海的昆山积极支援上海十九路军的抗日活动。由于敌我力量悬殊，十九路军奉命向西撤退，部队临时撤退到正仪，司令部就设立在正仪小学内。撤退到这里的战斗目标，就是负责保护正仪火车站，保障沪宁铁路畅通，不会遭到日寇破坏。

为了保护正仪火车站，阻止日军对正仪火车站的破坏，军长蔡廷锴组织军队，在正仪火车站两侧，正仪老街的东北，浇制了好几个钢筋混凝土碉堡，以作防御。这就是现在保存较好的昆山抗战文物——正仪铁路碉堡群。这一组碉堡群，好比是无声的卫士，朴素而低调，守护着正仪火车站。站立在碉堡上，可以清晰洞察正仪火车站的两侧动向，可以居高临下，看守铁路。因为后来蒋介石和日本媾和，正仪的铁路碉堡群并没有派上用场。这一组由十九路军建立的铁路碉堡群，就跟随那段抗战的历史，永远留在了正仪这片土地上。

在抗日战争中，随着中国大片国土的沦陷，正仪火车站也被日本人占领。日本人对正仪火车站进行了改造，将火车站候车厅等木屋建筑改建为日式砖混建筑。这样，正仪火车站就呈现出了风格不同的样貌。

一部分是原始面貌，是英国人通车时在铁路南建造的，东西各一幢，都是平房，红砖勾线墙体。东面的洋房为站长室、售票处和旅客候车室；西边是铁路员工的宿舍和食堂。两幢洋房之间是通向铁路的一条斜坡走道，旅客检票后由此走向站台乘车。

另一部分，则是抗战时期日军占领正仪后所建。日本人在车站入口处增加了典型的日本式的建筑，建筑为石棉瓦屋顶，有一座用铁皮包裹的木板墙身，旅客只能守在木板房中候车，木板房北侧留一扇狭小的门，旅客由此检票进站。

日式的木板房，石棉瓦屋顶保存良好，砖混结构平房及木构小屋已经凋敝，但是原貌基本还保存着。这个建筑见证了日军入侵正仪的侵略历史，具有一定的历史价值。2009年，被公布为昆山市文物保护单位。

1968年12月29日，南京长江大桥建成通车，沪宁铁路（后改称"京沪铁路沪宁线段"）运量迅速上升，线路通过能力十分紧张，沪宁线第二线建设工程再次开工。1973年，交通部批准沪宁线双线续建工程项目，沪宁铁路开始铺设双轨。因工程新路线建设需要和必要的路线调整，1976年开始，正仪火车站迁至镇区以东1公里处的新站，这个百年历史的风雨沧桑的老站——正仪老火车旧址因此闲置荒废，只留下杂草覆盖的两条寂寞的铁轨和带着日本建筑风貌的火车站残存建筑，见证着这个火车老站曾经的辉煌和历史沧桑。

今天，正仪火车站还保留着一个小型的旧式建筑群。虽然面积不大，但各个建筑布局紧凑，功能对应，印证着曾经有过的辉煌一幕。建筑群被周围的民居和农田重重包围。一块蓝色的"上塘街"的牌子，悬挂在陈旧的木质房屋上。浓郁的树荫遮蔽着红砖镶嵌的青色建筑，阳光照耀着那几株高大又挺直的云杉树，洋溢着浓浓的历史沧桑感。

如果不是日军的入侵，正仪火车站应该会是另外一种风貌吧。日军的入侵，让它一度改变容颜。今天，日军留下的那座木屋破败不堪，代表着一个时代的过去。但是，日军在昆山犯下的罪行和他们留下的侵略痕迹，终将被昆山人深刻铭记。

昆山县委旧址

昆山县委旧址

昆山县委旧址，位于昆山市玉山镇前浜34号，南临廊环公园，北临前进路，西近中山路，东近前进菜场，环境优美。

这个建筑建于民国时期，原为徐士浩的住宅，三层砖木结构。墙体为淡黄色，中间加入赭色装饰线。白色的长方形窗户，上面为圆拱形设计，这是明显的民国建筑风格。在当时，能够修建这样规模房子的人，身份也不一般。

徐士浩系上海人，他的具体身份不详。新中国成立后，徐士浩移民至美国，此房交给昆山县人民政府，后为中共昆山县委所在地。

1949年5月13日，昆山解放，这里属于华东军政委员会苏南苏州行政区专员专署。1950年10月14日，苏南苏州行政区专员公署改称"苏南人民行政公署苏州专员公署"，昆山属苏州专员公署。

1953年1月1日，江苏省人民政府成立，昆山属江苏省苏州专员公署。1968年3月26日，苏州专员公署改称"苏州专区革命委员会"，1971年4月13日，更名"苏州地区革命委员会"。

1974年10月，昆山县政府搬迁，此建筑由县机关幼儿园使用。1978年7月，苏州改为苏州地区行政公署，昆山为属县。1983年1月18日，经国务院批准，江苏省实行市管县

昆山县委旧址

新体制，3月1日，撤苏州地区行政公署，昆山县属苏州市。1989年，国务院批准昆山撤县建市。

2009年8月，位于前浜34号的昆山县委旧址被公布为昆山市文物保护单位，遗产类型为"近现代重要史迹及代表性建筑"。2012年，市政府再度投入资金，启动实施了昆山县委旧址等7处文物古建筑的维护维修工作。风雨沧桑中的这个昆山县委旧址，得到了很好的修缮。

昆山县委旧址，是一处具有纪念意义的红色革命遗址，它见证了昆山革命从初始到现代这近百年的发展历程。它始终作为革命的"心脏"部位来服务社会，承载着无数革命党人艰苦跋涉、辛勤工作，为人民谋福祉的革命记忆。由于这个遗址产生的年代早，建筑风格也反映了民国期间的建筑审美和追求，所以也是一个民国建筑的代表。

如今的昆山县委旧址，闹中取静，大气唯美，静静处在繁华的居民区当中，似乎还在关注着迅速发展的城市建设。昆山城里的发展变化，它都纳入视野、纳入怀抱，为昆山经济社会的每一个进步，感到骄傲和自豪。它仿佛一位老者，阅尽沧桑，见惯风雨，却饱有着高尚的理想、崇高的节操，威严屹立，沉着端庄，为这个美丽、

迅速发展的城市，提供着宝贵的指导思想。

　　它以最古老的资历，守望着开放融合新征程中的昆山，赋予这个城市以新的城市精神。它有着旺盛的生命力，以坚定的理想信念，默默守护着这片美好而幸福的家园。